ZEITGESCHICHTE

Ehrenpräsidentin:
em. Univ.-Prof. Dr. Erika Weinzierl († 2014)

Herausgeber:
Univ.-Prof. DDr. Oliver Rathkolb

Redaktion:
em. Univ.-Prof. Dr. Rudolf Ardelt (Linz), ao. Univ.-Prof.^{in} Mag.^{a} Dr.^{in} Ingrid Bauer (Salzburg/Wien), SSc Mag.^{a} Dr.^{in} Ingrid Böhler (Innsbruck), Maximilian Brockhaus, BA MA (Wien), Univ.-Prof.^{in} Dr.^{in} Lucile Dreidemy (Wien), Dr.^{in} Linda Erker (Wien), Ass.-Prof.^{in} Dr.^{in} Regina Fritz (Wien), Prof. Dr. Michael Gehler (Hildesheim), Mag. DDr. Harald D. Gröller / Rezensionsteil (Wien), ao. Univ.-Prof. i. R. Dr. Robert Hoffmann (Salzburg), ao. Univ.-Prof. Dr. Michael John / Koordination (Linz), Assoz. Prof.^{in} Dr.^{in} Birgit Kirchmayr (Linz), Dr. Oliver Kühschelm (Wien), Univ.-Prof. Dr. Ernst Langthaler (Linz), Dr.^{in} Ina Markova (Wien), Mag.^{a} Agnes Meisinger (Wien), Univ.-Doz. Mag.^{a} Dr.^{in} Maria Mesner (Wien), Univ.-Prof. Mag. Dr. Wolfgang Mueller (Wien), Univ.-Prof. Dr. Bertrand Perz (Wien), Univ.-Prof. Dr. Dieter Pohl (Klagenfurt), Univ.-Prof.^{in} Dr.^{in} Margit Reiter (Salzburg), Dr.^{in} Lisa Rettl (Wien), Univ.-Prof. Mag. Dr. Dirk Rupnow (Innsbruck), Mag.^{a} Adina Seeger (Wien), Ass.-Prof. Mag. Dr. Valentin Sima (Klagenfurt), Prof.^{in} Dr.^{in} Sybille Steinbacher (Frankfurt am Main), Dr. Christian H. Stifter (Wien), Prof. HR Mag. Markus Stumpf, MSc (Wien), Gastprof. (FH) Priv.-Doz. Mag. Dr. Wolfgang Weber, MA, MAS (Vorarlberg), Mag. Dr. Florian Wenninger (Wien), Univ.-Prof.^{in} Mag.^{a} Dr.^{in} Heidrun Zettelbauer (Graz).

Peer-Review Committee:
Ass.-Prof.^{in} Mag.^{a} Dr.^{in} Tina Bahovec (Universität Klagenfurt), Prof. Dr. Arnd Bauerkämper (Freie Universität Berlin), Günter Bischof, Ph.D. (University of New Orleans), MMag. Dr. Ina Friedmann (Universität Innsbruck), ao. Univ.-Prof.^{in} Mag.^{a} Dr.^{in} Johanna Gehmacher (Universität Wien), Univ.-Prof. i. R. Dr. Ernst Hanisch (Salzburg), Univ.-Prof.^{in} Mag.^{a} Dr.^{in} Gabriella Hauch (Universität Wien), Mag.^{a} Dr.^{in} Elisa Heinrich (European University Institute, Florence), Univ.-Doz. Dr. Hans Heiss (Universität Innsbruck), Univ.-Prof. Dr. Thomas Hellmuth (Universität Wien), Robert G. Knight, Ph.D. (Loughborough University), Prof. Dr. Oto Luthar (Slowenische Akademie der Wissenschaften, Ljubljana), Assoc. Prof. Dr. Birgit Nemec (Universität Wien), Hon.-Prof. Dr. Wolfgang Neugebauer (Wien), Mag. Dr. Peter Pirker (Universität Innsbruck), Mag. Dr. Christian Rabl (KZ-Gedenkstätte Melk der Bundesanstalt Mauthausen, Zeithistorisches Zentrum Melk (Verein MERKwürdig)), Prof. Dr. Markus Reisenleitner (York University, Toronto), Assoz. Prof.^{in} Dr.^{in} Elisabeth Röhrlich (Universität Wien), ao. Univ.-Prof.^{in} Dr.^{in} Karin M. Schmidlechner-Lienhart (Universität Graz), Univ.-Prof. i. R. Mag. Dr. Friedrich Stadler (Wien), Prof. Dr. Gerald J. Steinacher (University of Nebraska-Lincoln), Prof. Dr. Olaf Stieglitz (Universität Leipzig), Assoz.-Prof. DDr. Werner Suppanz (Universität Graz), Univ.-Prof. Dr. Philipp Ther, MA (Universität Wien), Prof. Dr. Stefan Troebst (Universität Leipzig), Dr. Bernhard Weidinger (Dokumentationsarchiv des österreichischen Widerstandes), Prof. Dr. Michael Wildt (Humboldt-Universität zu Berlin), Dr.^{in} Maria Wirth (Universität Wien).

zeitgeschichte
52. Jg., Heft 2 (2025)

Krise und Transformation der Heimerziehung in den 1970er- und 1980er-Jahren

Herausgegeben von
Ulrich Leitner, Mechthild Bereswill und
Ingrid Böhler

V&R unipress

Vienna University Press

Inhalt

Ulrich Leitner / Mechthild Bereswill / Ingrid Böhler
Editorial 153

Artikel

Markus Griesser / Andreas Fink
Jenseits der „besonderen Heimsituation": Die Bedeutung von
Alternativangeboten für den Wandel der Kinder- und Jugendfürsorge
Tirols in den 1970er- und 1980er-Jahren 157

Sabine Stange
Öffnung und Schließung von Möglichkeitsräumen – Dezentralisierung
eines hessischen Großheims in den 1970er-Jahren 177

Michaela Ralser
Aspekte einer Epistemologie des Wandels. Zur Konjunktur
wissenschaftsaffiner Reformpolitik im Tirol der frühen 1970er-Jahre:
das Soll-Modell und die Entwicklung der Heimerziehung 193

Daniela Hörler
„Heimleiterehepaare". Fortdauernde Geschlechter- und Familienbilder
in den Räumen der Kinderheime von 1970 bis 1990 213

Abstracts 231

Rezensionen

Heimo Gruber
Georg Spitaler, Hilde Krones und die Generation der Vollendung.
Eine Spurensuche 237

Alexander Pinwinkler
Alexa Stiller, Völkische Politik. Praktiken der Exklusion und Inklusion
in polnischen, französischen und slowenischen Annexionsgebieten
1939–1945 239

Autor*innen 243

Ulrich Leitner / Mechthild Bereswill / Ingrid Böhler

Editorial

In der Heimerziehung gelten die 1970er- und 1980er-Jahre als eine durch krisenhafte Prozesse und Transformationen gekennzeichnete Schwellenzeit. Markanten Ausdruck und zugleich diskursive Zuspitzung erfuhr diese Diagnose in der These vom „Ende der Anstalts- und Fürsorgeerziehung", die häufig mit der 68-Bewegung assoziiert wird. Trifft diese Diagnose aber zu? Wie gestalteten sich Wandlungsprozesse konkret? Handelte es sich um große Umwälzungen oder Veränderungen in kleinen Schritten? Solchen Fragen gehen die Beiträge dieses Heftes aus einer interdisziplinären Perspektive nach. Das Konzept Raum wird dabei als heuristische Kategorie verwendet, weil es räumliche Veränderungen waren, mit denen die politischen, administrativen und pädagogischen Verantwortlichen auf die Kritiken reagierten: Anstalten wurden umstrukturiert, Gruppen verkleinert oder geöffnet, alternative Angebote wie etwa Wohngemeinschaften entwickelt.

Raum wird mit Henri Lefèbvre[1] nicht statisch verstanden, sondern als relationales Konglomerat aus Materialität und sozialer Praxis, welches durch Aushandlungsprozesse (re-)produziert wird. Anhand von Fallanalysen aus Österreich, Deutschland und der Schweiz nehmen die Beiträge die wechselbezüglichen Dynamiken von Beharrung und Wandel in den Blick.

Markus Griesser und *Andreas Fink* untersuchen, welche Bedeutung sozialpädagogische Wohngemeinschaften, die Pflegekinderhilfe sowie ambulante Betreuungsangebote für den Wandel der Kinder- und Jugendfürsorge in Tirol hatten. *Sabine Stange* rekonstruiert im Anschluss den Umstrukturierungsprozess eines Großheims im westdeutschen Bundesland Hessen. *Michaela Ralser* wiederum geht anhand eines konkreten Reformpapiers, des so genannten „Salzburger Modells", der Rolle wissenschaftlichen Wissens im Prozess des Wandels nach. *Daniela Hörler* analysiert schließlich am Fall der Heimleiterehepaare in Schweizer Erziehungsheimen, ob strukturelle Veränderungen auch Veränderungen von Geschlechter- und Familienvorstellungen anstießen.

---

1 Henri Lefèbvre, La production de l'espace, Paris ⁴2000 (1974).

Die Beiträge beziehen sich auf ausgewählte Ergebnisse eines interdisziplinären D-A-CH-Kooperationsprojekts mit dem Titel „Die Aushandlung von Erziehungsräumen in der Heimerziehung 1970–1990" (Innsbruck/Kassel/Olten, Laufzeit: 2021–2024/25).[2]

Die Untersuchungen dieses Projekts ordnen sich in die machtkritische wissenschaftliche Aufarbeitung der Geschichte der Fürsorgeerziehung ein, die spätestens seit 2010 zu einem fruchtbaren Forschungszweig der zeitgeschichtlichen Forschung geworden ist.[3] Gemeinsamer Ankerpunkt der interdisziplinären Beiträge ist die Analyse von zeitgenössischem Verwaltungsschriftgut sowie von Interviews mit zentralen Akteur*innen der Heim- und Fürsorgeerziehung.

---

2 Die Texte sind Teil des Lead Agency Projekts „Die Aushandlung von Erziehungsräumen in der Heimerziehung 1970–1990. Ein interdisziplinärer Vergleich von Wohlfahrtsregionen in Deutschland, Österreich und der Schweiz". Leitung: Michaela Ralser, Flavia Guerrini, Ulrich Leitner (A), Mechthild Bereswill (D) und Gisela Hauss (CH) (vgl. www.changing-educational-spaces.net). Die Forschungen für die vorliegenden Artikel wurden vollständig durch den Wissenschaftsfonds FWF (Grant-DOI: 10.55776/I5030) bzw. den Schweizerischen Nationalfonds (SNF) [Nr. 100019E_197049, Laufzeit Sept. 2021 bis Februar 2025] und durch die Deutsche Forschungsgemeinschaft (DFG) [449102739] finanziert. Zum Zweck des freien Zugangs haben die Autor*innen für jedwede akzeptierte Manuskriptversion, die sich aus dieser Einreichung ergibt, eine „Creative Commons Attribution CC BY"-Lizenz vergeben.
3 Vgl. etwa Heft 3 (Jugendfürsorge und Heimerziehung in Österreich) der „zeitgeschichte" (42/2015).

Artikel

Markus Griesser / Andreas Fink

Jenseits der „besonderen Heimsituation": Die Bedeutung von Alternativangeboten für den Wandel der Kinder- und Jugendfürsorge Tirols in den 1970er- und 1980er-Jahren

I. Einleitung[1]

Die anstaltsförmige Heimerziehung prägte als dominante Form der stationären Unterbringung das Feld der Kinder- und Jugendfürsorge (nicht bloß) in Tirol bis in die 1990er-Jahre. Dabei hatte sich das Bundesland noch Anfang der 1970er-Jahre durch eine hohe Dichte an Heimen ausgezeichnet.[2] Hierzu zählten die drei Kinder- und Jugendheime Kleinvolderberg, St. Martin/Schwaz und Mariatal/Kramsach, die sich – wie auch die beiden Kleinkinder- und Säuglingsheime Axams und Arzl – in Trägerschaft des Landes befanden. Daneben existierten mehrere Kinder- und Jugendheime in Trägerschaft der Stadt Innsbruck[3] bzw. in konfessioneller Trägerschaft.[4] Was die Anzahl der untergebrachten Kinder anbelangt, zählen auch die zwei in „bewusstem Gegensatz zur Heimerziehung"[5] gegründeten SOS Kinderdörfer zu den Großeinrichtungen der Tiroler Kinder-

---

1 Der vorliegende Beitrag ist Teil des Lead Agency Projekts „Die Aushandlung von Erziehungsräumen in der Heimerziehung 1970–1990". Die Forschungen für den vorliegenden Artikel wurden vollständig durch den Wissenschaftsfonds FWF (Grant-DOI: 10.55776/I5030) finanziert. Zum Zweck des freien Zugangs haben die Autoren für jedwede akzeptierte Manuskriptversion, die sich aus dieser Einreichung ergibt, eine „Creative Commons Attribution CC BY"-Lizenz vergeben.
2 Michaela Ralser/Nora Bischoff/Flavia Guerrini/Christine Jost/Ulrich Leitner/Martina Reiterer, Heimkindheiten. Geschichte der Jugendfürsorge und Heimerziehung in Tirol und Vorarlberg, Innsbruck/Wien/Bozen 2017, 18, 23; Andrea Sommerauer/Hannes Schlosser, Gründerzeiten. Soziale Angebote für Jugendliche in Innsbruck 1970–1990, Innsbruck 2020, 75–83.
3 Zu den städtischen Heimen Mariahilf, Pechegarten und Holzham-Westendorf siehe Horst Schreiber, Restitution von Würde. Kindheit und Gewalt in Heimen der Stadt Innsbruck, Innsbruck/Wien/Bozen 2015, 17–86.
4 Für die konfessionellen Heime Scharnitz, Martinsbühel/Zirl und Bubenburg/Fügen siehe Ina Friedmann/Friedrich Stepanek, Demut lernen. Kindheit in katholischen Kinderheimen nach 1945, Forschungsbericht im Auftrag der Dreierkommission Martinsbühel, Innsbruck/Wien 2024, 111–158.
5 Horst Schreiber, Dem Schweigen verpflichtet. Erfahrungen mit SOS-Kinderdorf, Innsbruck/Wien/Bozen 2014, 22.

und Jugendfürsorge, während das traditionelle Pflegekinderwesen eine nachrangige Rolle spielte.[6]

Trotz der Dominanz der anstaltsförmigen Heimerziehung fand die ab Ende der 1960er-Jahre vermehrt artikulierte Kritik an diesen Institutionen und insbesondere an den dort herrschenden Autoritäts- und Gewaltverhältnissen auch in Tirol ihren Niederschlag. Mit dieser Kritik einer ging die Etablierung alternativer Formen der stationären Unterbringung und die Entwicklung ambulanter Betreuungssettings, die ihr Profil wesentlich in Abgrenzung zum anstaltsförmigen Großheim gewannen. Unser Erkenntnisinteresse richtet sich daher auf die Rolle, die besagte Alternativen für den Wandel der Kinder- und Jugendfürsorge in Tirol spielten.

Die Transformationsstrategie, durch den Aufbau von Gegeninstitutionen „die angestrebten gesellschaftlichen Verhältnisse im ‚Hier und Jetzt' experimentierend vorwegzunehmen", hatte im Gefolge der 1968er-Bewegung starke Verbreitung gefunden.[7] Auch in verschiedenen Handlungsfeldern der Sozialen Arbeit wurden in dieser Zeit praktische Alternativen als Teil einer „Reformpolitik von unten"[8] entwickelt, die auf substanzielle Veränderungen abzielte. Dies galt nicht zuletzt für die Kinder- und Jugendfürsorge, wo mit der (modellhaften) Etablierung von Alternativprojekten wie sozialpädagogischen Wohngemeinschaften (WGs) in vielen Fällen nicht bloß radikale Heimkritik verbunden war, sondern auch die Utopie einer anderen Gesellschaftsordnung. Letztgenannte Kennzeichen verloren freilich häufig an Relevanz, nachdem die vielfach von Akteur*innen aus dem Sozialbereich entwickelten Projektkonzepte in selektiver Form durch Fürsorgeträger und Sozialverwaltungen aufgenommen wurden.[9]

Vor diesem Hintergrund interessieren wir uns hier weniger für die Alternativen als (sozialpädagogisches) Ziel, denn vielmehr als (sozialpolitisches) Medium des Wandels bzw. als Transmissionsriemen, durch den Veränderungs-

---

6 Josef Scheipl, Heimerziehung in Österreich, in: Herbert Colla/Thomas Gabriel/Spencer Millham/Stefan Müller-Teusler/Michael Winkler (Hg.), Handbuch Heimerziehung und Pflegekinderwesen in Europa. Neuwied/Kriftel 1999, 71–84, 76, 80.
7 Kristina Schulz, Studentische Bewegungen und Protestkampagnen, in: Roland Roth/Dieter Rucht (Hg.), Die sozialen Bewegungen in Deutschland seit 1945. Ein Handbuch, Frankfurt a. M. 2007, 417–446, 440.
8 Roland Roth, „Sozialpolitik von unten": Soziale Bewegungen und sozialpolitische Reformen in der Bundesrepublik Deutschland, in: Forschungsjournal Neue Soziale Bewegungen 4 (1991) 1, 41–56, 54.
9 Ebd., 43–44, 46–47; Sven Steinacker/Heinz Sünker, „68" in der Sozialen Arbeit – Überlegungen zu einem konfliktreichen Verhältnis, in: Hans Ulrich Krause/Regina Rätz-Heinisch (Hg.), Soziale Arbeit im Dialog gestalten. Opladen/Framington Hills 2009, 273–289, 280–281, 283–284; Leonie Wagner, „Bunte Flecken im grauen Alltag" – Alternative Projekte im Kontext Sozialer Arbeit, in: Leonie Wagner (Hg.), Soziale Arbeit und Soziale Bewegungen, Wiesbaden 152–170, 160–161.

prozesse im Feld vermittelt wurden.[10] Dabei gehen wir davon aus, dass sich diese Alternativen drei Ansätzen zuordnen lassen: sozialpädagogischen WGs, ambulanten Beratungs- und Betreuungsangeboten bzw. einem reformierten Pflegekinderwesen. Andere Ansätze spielten im hier fokussierten Zeitfenster in der Tiroler Kinder- und Jugendfürsorge noch kaum eine Rolle. Erst Ende der 1980er- bzw. Anfang der 1990er-Jahre fanden sich beispielsweise in den Debatten im Tiroler Landtag Hinweise etwa auf Kriseninterventions- und Kinderschutzzentren[11] oder Betreutes Wohnen.[12]

Ihren vorläufigen Abschluss fanden diese Entwicklungen im Jahr 1990 mit der Schließung der beiden verbliebenen Landeserziehungsheime für Kinder und Jugendliche – Mariatal/Kramsach hatte schon 1971 zugesperrt –, namentlich Kleinvolderberg und St. Martin/Schwaz. Da das Landeserziehungsheim für Kleinkinder und Säuglinge in Arzl bereits 1987 geschlossen hatte, blieb von den Landeseinrichtungen lediglich jene in Axams bestehen, die in den folgenden Jahren in einen Komplex an Wohngruppen umgebaut wurde.[13] Einige der anderen Heime, v. a. solche in konfessioneller Trägerschaft, hatten hingegen in modifizierter Form weit darüber hinaus Bestand (z. B. die Bubenburg Fügen bis 2016).

In unserem Artikel untersuchen wir, wie verschiedene Erziehungsräume und mit ihnen verbundene Zielgruppen in den Debatten der 1970er und 1980er diskursiv konstruiert wurden und wie sich diese Konstruktionen im Laufe der Zeit veränderten. Dabei interessieren wir uns einerseits für unterschiedliche Diskursebenen (z. B. Fach- oder Bewegungsdiskurse) und analysieren, wie Wandel bzw. Beharrung hier jeweils begründet und legitimiert wurden. Andererseits werden aber auch dadurch vermittelte Entwicklungen der Tiroler Kinder- und Jugendfürsorge rekonstruiert. Da in diesem Transformationsgeschehen räumlich fundierte Aushandlungsprozesse eine zentrale Rolle spielten,[14] legen wir ein besonderes Augenmerk auf – mit Susanne Rau gesprochen – spezifische „Raumdynamiken",[15] also Prozesse des Entstehens, Wandels und Verschwindens

---

10 Auf die mit diesen Alternativen verbundenen sozialpädagogischen Konzepte und deren Wandel kann daher im vorliegenden Beitrag auch nicht vertiefend eingegangen werden.
11 U. a. SPÖ-Abgeordnete (Abg.) Gangl in Stenographische Berichte des Tiroler Landtages (TLT-Protokoll) 20. 11. 1990, 26; 12. 12. 1990, 127.
12 U. a. Landesrat (LR) Greiderer in TLT-Protokoll 15. 12. 1989, 220.
13 Eine vergleichbare Form der Nachnutzung betraf die Räumlichkeiten der ehemaligen Landeserziehungsheime Arzl und Schwaz (s. u.). Die beiden anderen Heime wurden für Zwecke jenseits der Kinder- und Jugendfürsorge nachgenutzt. Ralser et al., Heimkindheiten, 557–559, 682, 831–832.
14 Nadine Schmidt/Sabine Stange, Räumliche Dimensionen sozialer Kontrolle in Organisationen der Problembearbeitung, in: Soziale Probleme 35 (2024) 1, 3–8, 3–4.
15 Susanne Rau, Räume. Konzepte, Wahrnehmungen, Nutzungen, Frankfurt/New York 2017, 164–172.

von Räumen. Wie im Folgenden gezeigt werden soll, war die Entwicklung der anstaltsförmigen Heimerziehung ebenso wie jene der drei Alternativen dabei durch je spezifische (Raum-)Dynamiken gekennzeichnet.

Als Forschungszeitraum fokussieren wir die zwei Jahrzehnte zwischen 1970 und 1990, weil sich diese in der Kinder- und Jugendfürsorge mit Michaela Ralser als „Schwellenzeit"[16] begreifen lassen, in der die anstaltsförmige Heimerziehung sukzessive de-institutionalisiert bzw. räumlich de- und rekonfiguriert wurde. Als Analysematerialien, anhand derer die Wandlungsprozesse untersucht werden, dienen uns u. a. Stenographische Berichte des Tiroler Landtags,[17] mit den unterschiedlichen Ansätzen verbundenes Verwaltungsschriftgut und Archivalien von heimkritischen Vereinigungen bzw. Alternativeinrichtungen (Tiroler Landesarchiv, Zentralarchiv der Kapuzinerdelegation Tirol, Privatarchive) sowie Interviews mit Zeitzeug*innen, die im Rahmen des dem Beitrag zugrundeliegenden Forschungsprojekts in den Jahren 2022 und 2023 durchgeführt wurden.

Im Folgenden skizzieren wir zwei Schwerpunkte, auf die bei der Analyse fokussiert wird, bevor wir detailliert auf die drei alternativen Ansätze und deren Entwicklung eingehen. Abschließend resümieren wir zentrale Erkenntnisse.

II. Aufmerksamkeiten

2.1 Fokus I: die Besonderheit von Klient*innengruppen

Eine wesentliche legitimatorische Grundlage des mit den oben angesprochenen Alternativen verbundenen Wandels im Diskurs der Tiroler Landespolitik und -verwaltung spielte die „Entdeckung" der Besonderheit der Problemlagen von Klient*innengruppen, womit die Notwendigkeit einer Differenzierung des Methodenrepertoires begründet wurde. So problematisierte etwa der von 1970 bis 1979 amtierende Sozial- und Gesundheitslandesrat Herbert Salcher (SPÖ) im Dezember 1970 in einer Landtagsrede, dass „[d]erzeit [...] alle Jugendlichen [...] gleich behandelt" würden.[18] Da dies das Erreichen von Erziehungszielen er-

---

16 Michaela Ralser, Die *long durée* der Fürsorgeerziehung. Untersuchungen zum langen Ende der Anstalt, in: Rita Casale/Fabian Kessl/Nicolle Pfaff/Martina Richter/Anja Tervooren (Hg.), (De)Institutionalisierung von Bildung und Erziehung, Frankfurt/New York 2024, 189–207, 190.
17 Stenographische Berichte des Tiroler Landtages in: Österreichische Nationalbibliothek: ALEX Historische Rechts- und Gesetzestexte, URL: https://alex.onb.ac.at/cgi-content/alex?apm=0&aid=spt (abgerufen 3. 2. 2025).
18 LR Salcher in TLT-Protokoll 16. 12. 1970, 105.

schwere, sollte zukünftig der spezifische Zustand der Jugendlichen gutachterlich erhoben und eine differenzierte Behandlung entwickelt werden.[19]

Dieses Muster kennzeichnete nicht nur die Entwicklung in Tirol. So hält etwa Michael Behnisch fest, dass es in der Bundesrepublik Deutschland ab den 1970er-Jahren im Gefolge von heimkritischen Debatten und Bewegungen zu einer weitreichenden Spezialisierungswelle kam, die neben einer fachlichen Spezialisierung eine „Differenzierung des Angebotsspektrums" nach sich zog.[20] Dies führte sowohl zur Etablierung neuer Einrichtungen als auch heimintern zur Schaffung differenzierter Angebote.[21]

Doch nicht bloß der Wandel, auch die Beharrung fand im angesprochenen Diskurs eine wesentliche Legitimationsbasis: Indem Verantwortungsträger*innen aus Politik und Verwaltung manchen Kindern und Jugendlichen mangelnde Eignung etwa zur WG-Unterbringung unterstellten, konnten sie zugleich das notwendige Fortbestehen anstaltsförmiger Heimerziehung nun als Teil einer differenzierten Angebotspalette behaupten.[22]

In den Debatten zur Spezialisierung und Differenzierung überkreuzten sich mehrere Diskurse, die historisch disparat scheinen, aber auch aus unterschiedlichen Wissenschaftstraditionen stammen: Einerseits blieb der fortgeschriebene Verwahrlosungs-Diskurs wirkmächtig, der seit dem 19. Jahrhundert dazu diente, kindliche und jugendliche „Unzulänglichkeiten gegenüber der moralischen Ordnung" zu benennen und den sozialstaatlichen Zugriff durch die Kinder- und Jugendfürsorge zu legitimieren.[23] Die ursprünglich als soziale Abweichung gefasste Verwahrlosung erfuhr durch Psychiatrie und Heilpädagogik eine Pathologisierung und erwies sich als Erklärungsmodell auch nach 1945 als hegemonial:[24] Im Jugendwohlfahrtsgesetz (JWG) 1954 blieb der rechtlich unbestimmte

---

19 Ebd., 105–106.
20 Michael Behnisch, Spezialisierung in den Erziehungshilfen, in: Forum Erziehungshilfen 19 (2013) 3, 132–137, 135.
21 Eric van Santen/Andreas Mairhofer/Liane Pluto, Differenzierung und Spezialisierung von Einrichtungen stationärer Hilfen zur Erziehung, in: Manuel Theile/Klaus Wolf (Hg.), Sozialpädagogische Blicke auf Heimerziehung. Theoretische Positionierungen, empirische Einblicke und Perspektiven, Weinheim/Basel 2024, 170–183, 172.
22 Dieser Aspekt wurde in der deutschsprachigen Fachdebatte teils explizit infrage gestellt. So warnte die deutsche Kommission Heimerziehung 1977 etwa davor, „die ‚Eignung' für eine Jugendwohngemeinschaft in Verbindung zu setzen mit bestimmten Devianz-, Neurose- oder Verwahrlosungsformen". Kommission Heimerziehung der Obersten Landesjugendbehörden und der Bundesarbeitsgemeinschaft der Freien Wohlfahrtspflege, Zwischenbericht: Heimerziehung und Alternativen. Analysen und Ziele für Strategien, Regensburg 1977, 209.
23 Johannes Schilling/Sebastian Klus, Soziale Arbeit. Geschichte, Theorie, Profession, Stuttgart 2018, 18. Siehe auch Reinhard Sieder, Das Dispositiv der Fürsorgeerziehung in Wien, in: Österreichische Zeitschrift für Geschichtswissenschaften 25 (2014) 1/2, 156–193, 161.
24 Michaela Ralser, Psychiatrisierte Kindheit. Expansive Kulturen der Krankheit, in: ebd., 128–155, 130; Reinhard Sieder/Andrea Smioski, Der Kindheit beraubt. Gewalt in den Erziehungsheimen der Stadt Wien, Innsbruck/Wien/Bozen 2012, 30–33.

Begriff „körperlicher, geistiger, seelischer oder sittlicher Verwahrlosung" (§ 2 Abs. 6) bis zur Neufassung des Gesetztes 1989 verankert, und so bildete er im Sinne einer vielgestaltigen Indikation fast ein Jahrhundert lang eine zentrale legitimatorische Basis für besagten Zugriff auf das Leben vorwiegend ökonomisch marginalisierter Familien.[25]

Andererseits speisten sich die neuen Debatten um mögliche Alternativen zur Heimerziehung aus unterschiedlichen Quellen (etwa die Kollektiverziehung des frühen Anton Semjonowitsch Makarenko, 1888–1939, die Theorien des psychoanalytischen Pädagogen August Aichhorn, 1878–1949, die ersten Gruppendynamiker Kurt Lewin, 1890–1947, und Jacob Levy Moreno, 1889–1974, mit ihrem Verweis auf die Sozialisationswirkung der Gruppe oder auch das von Hans Thiersch, *1935, entwickelte Konzept einer lebensweltorientierten Sozialen Arbeit). Dabei fällt auf, dass die einschlägige Fachliteratur der 1970er- und 1980er-Jahre im deutschsprachigen Raum häufig einen starken Praxisbezug aufwies[26] bzw. von politisch eingesetzten Gremien verfasst wurde, die neben Wissenschafter*innen auch Vertreter*innen aus der Sozialverwaltung bzw. der Sozialen Arbeit umfassten.[27]

2.2   Fokus II: differenzierte Raumtypen

Mit Blick auf unterschiedliche Zielgruppen wurden im Laufe der 1970er und 1980er in Abgrenzung zum Erziehungsraum Heim[28] je spezifische „Raumtypen" entwickelt, also räumliche Konstellationen, die als Resultat gesellschaftlicher Aushandlungsprozesse, Konstruktionen und Ordnungsbestrebungen zu begreifen sind.[29] Als eine Art Negativfolie diente dabei das anstaltsförmige Großheim, das bis in die 1970er-Jahre als dominante Form der stationären (Fremd-)Unterbringung fungierte und sich im Laufe der folgenden zwei Jahrzehnte sukzessive zu einer spezifischen räumlichen Konfiguration unter anderen wandelte.

---

25 Michaela Ralser/Anneliese Bechter/Flavia Guerrini, Regime der Fürsorge. Eine Vorstudie zur Geschichte der Tiroler und Vorarlberger Erziehungsheime und Fürsorgeerziehungssysteme der Zweiten Republik, Innsbruck 2014, 142–143; Ralser et al., Heimkindheiten, 17.
26 Stellvertretend etwa Erich Kiehn, Sozialpädagogische Jugendwohngemeinschaften. Neue Möglichkeiten zur Selbstentfaltung junger Menschen, Freiburg/Breisgau 1982; Martin Bonhoeffer/Peter Widemann (Hg.), Kinder in Ersatzfamilien. Sozialpädagogische Pflegestellen: Projekte und Perspektiven zur Ablösung von Heimen, Stuttgart 1974.
27 Stellvertretend etwa Kommission Heimerziehung, Zwischenbericht; Amt der Steiermärkischen Landesregierung (Hg.), Steirische Jugendwohlfahrtsenquete 1980–1981: Jugendwohlfahrt – bestehende Möglichkeiten und ihre Alternativen. Zusammenfassung der Ergebnisse der Arbeitskreise, Graz 1981.
28 Carola Groppe, Erziehungsräume, in: Z Erziehungswiss 16 (2013) Suppl. 2, 59–74.
29 Rau, Räume, 141.

Als dessen Zielgruppe galt immer stärker eine „Residualkategorie" von Jugendlichen, denen eine besondere Schwere der Verwahrlosung attestiert und von denen daher behauptet wurde, dass sie „in der offenen Gesellschaft absolut untragbar"[30] seien.

Gekennzeichnet war das anstaltsförmige Großheim dabei – in Anlehnung an Susanne Raus „analytische Leitdifferenzen" formuliert –[31] wesentlich durch einen relativ hohen Grad an Geschlossenheit, Großräumigkeit, Abgelegenheit und Homogenität. Mit den drei oben genannten Alternativen war in Abgrenzung dazu die Konstitution von Räumen verbunden, die im Sinne ihrer Offenheit, Kleinräumigkeit, Zentralität bzw. Heterogenität vom Heim abwichen und dabei Zielgruppen adressierten, die als weniger verwahrlost galten.

III. Drei Alternativen zur Heimerziehung

3.1 Eine „Lebensform für den Jugendlichen": sozialpädagogische WGs

In dem von uns fokussierten Forschungszeitraum sind sozialpädagogische WGs, chronologisch betrachtet, die erste Alternative, die der Heimerziehung in Tirol gegenübergestellt wurde.[32] Deutlich wird das anhand mehrerer Reden, die Landesrat Salcher Anfang der 1970er-Jahre im Tiroler Landtag hielt. Konkret plädierte er in diesem Rahmen wiederholt für die Etablierung „offener Wohngemeinschaften" und verwies darauf, dass sein Vorschlag auf Anregungen der Lehranstalt für gehobene Sozialberufe der Caritas, also der zentralen Ausbildungsstätte für Sozialarbeiter*innen in Tirol, beruhte.[33] In den folgenden Jahren konzentrierten sich die Landtagsdebatten stark auf eine 1975 in der Innsbrucker Cranachstraße eröffnete WG in Trägerschaft des Landes. Diese sollte im Sinne eines „Experiments"[34] den Beweis für die Tauglichkeit des WG-Konzepts er-

---

30 Anfragebeantwortung von LR Greiderer zur Anfrage der Abg. Madritsch u. a. betreffend die Landesjugendheime Kleinvolderberg und St. Martin/Schwaz, 13.12.1989, in: Portal Tirol Landtagsevidenz, URL: https://portal.tirol.gv.at/LteWeb/public/ggs/ggsList.xhtml (abgerufen 9.9.2024), 4.
31 Rau, Räume, 144–148.
32 Das dürfte nicht bloß für Tirol, sondern in vergleichbarer Form auch für die meisten anderen österreichischen Bundesländer gegolten haben, in denen ebenfalls im Zuge der 1970er Jahre erste sozialpädagogische WGs gegründet wurden. Amt der Steiermärkischen Landesregierung, Steirische Jugendwohlfahrtsenquete, Anhang I – Bericht der Untergruppe „Wohngemeinschaften"; Walter Perl/Donat Schöffmann, Vom Pionierprojekt zur Standardleistung. Zur Entstehungsgeschichte der österreichischen sozialpädagogischen Wohngemeinschaften, in: Arno Heimgartner/Josef Scheipl (Hg.), Geschichte und Entwicklung der Sozialen Arbeit in Österreich, Wien 2022, 373–401, 376–384.
33 TLT-Protokoll 16.12.1970, 105; 5.7.1971, 4; 10.12.1971, 84.
34 TLT-Protokoll 13.12.1973, 78; 10.12.1974, 74; 11.12.1975, 115–116, 123.

bringen und zugleich budgetäre und fachliche Zweifel von Abgeordneten der konservativen Mehrheitsfraktion ÖVP ausräumen.³⁵

Neben der von Landesrat Salcher in Aussicht gestellten Kostenreduktion und Flexibilitätssteigerung³⁶ wurden für sozialpädagogische WGs auch fachliche Argumente ins Feld geführt, die auf die Spezifität der Problemlagen der Jugendlichen rekurrierten. In einem Bericht des Leiters der Abteilung Vb „Jugendwohlfahrt" des Amts der Tiroler Landesregierung (Landesjugendamt) Paul Lechleitner von 1973 kam dies deutlich zum Ausdruck:

> „Die Unterbringung in Erziehungsheimen ist […] in vielen Fällen wenig erfolgversprechend, weil durch die dort zwangsläufig geübten Erziehungsmethoden und die besondere Heimsituation die persönliche und gesellschaftliche Lage vieler Jugendlicher nicht ausreichend berücksichtigt werden kann."³⁷

Die Konstruktion einer homogenen Gruppe heimuntergebrachter Jugendlicher unterblieb in dieser Argumentation, indem auf deren individuelle Bedürfnisse und soziale Herkunft verwiesen wurde. Die bestehenden Erziehungsheime seien nicht in der Lage, auf die Probleme der Jugendlichen zu reagieren. Begründet wurde dies räumlich: Eine Änderung der erzieherischen Praxis (z. B. durch heiminterne Differenzierung) werde „zwangsläufig" durch die baulich-räumlichen Rahmenbedingungen des anstaltsförmigen, d. h. großräumigen und abgelegenen Erziehungsraumes begrenzt. Daher sei eine neue Unterbringungsform notwendig. Auch in Tirol lagen viele Erziehungsheime nicht in den urbanen Zentren, sondern waren in Gebäuden außerhalb von Siedlungsgebieten oder in Randlagen eingerichtet worden, was pädagogisch mit dem Aufenthalt im „Naturraum" sowie mit der Isolation von den Herkunftsfamilien begründet wurde.³⁸

In Abgrenzung zum Großheim ging es laut Landesrat Salcher nun darum, dass „die besondere Situation von Erziehungsheimen bei Wohngemeinschaften ausgeschaltet" werde.³⁹ In räumlicher Hinsicht bedeutete das einerseits einen Übergang vom Groß- zum Kleinräumigen, der – wie etwa der SPÖ-Abgeordnete Leo Plattner 1977 meinte – das pädagogische Setting zwischen Erzieher*innen und zu Erziehenden positiv beeinflusse und so „für die Zöglinge durch den

---

35 TLT-Protokolle 16.12.1970, 123; 11.12.1975, 119–121; 17.12.1981, 151–152.
36 TLT-Protokoll 16.12.1970, 105; 13.12.1973, 78; 11.12.1975, 116.
37 Bericht über die Errichtung einer Wohngemeinschaft für männliche Jugendliche, 18.6.1973 (Beilage zu: Beschlussprotokoll über die Regierungssitzung 15/1973). Tiroler Landesarchiv (TLA), Amt der Tiroler Landesregierung, Abteilung Vb (Diverses).
38 Ralser et al., Heimkindheiten, 621. Siehe auch Ulrich Leitner, Sonderorte ländlicher Kindheiten. Raumerinnerungen ehemaliger Heimkinder der Fürsorgeerziehungslandschaft Tirols und Vorarlbergs, in: Markus Ender/Ingrid Fürhapter/Iris Kathan/Ulrich Leitner/Barbara Siller (Hg.), Landschaftslektüren. Lesarten des Raums von Tirol bis in die Po-Ebene, Bielefeld 2017, 326–347, 331–335, 338.
39 TLT-Protokoll 10.12.1974, 74.

direkten Einfluß des Erziehers weit günstigere Voraussetzungen"[40] kreiere. Andererseits sollten laut Landesrat Salcher „Erziehungsbedingungen geschaffen werden, die eine ständige Auseinandersetzung mit der Umwelt beinhalten",[41] was insofern auf den Übergang vom Peripheren zum Zentralen verwies, als WGs v. a. zu Beginn fast ausschließlich in städtischen Wohnvierteln errichtet wurden.

Das galt etwa für die von 1975 bis 1985 bestehende und während der ersten Jahre vom Psychologen Walter Ringer und der Erzieherin Elisabeth Weihs geleitete Cranachstraßen-WG für männliche Jugendliche, die eines von drei wegweisenden Projekten darstellte, die in der Frühphase der Entwicklung sozialpädagogischer WGs in Tirol gegründet wurden. Diese waren durch einen experimentellen Charakter, prägende (Gründer-)Persönlichkeiten sowie die Anbindung an etablierte Träger gekennzeichnet. Neben der Cranachstraßen-WG galt das zum Zweiten für eine Früh- bzw. Vorform von WGs,[42] konkret das 1966 bis 1991 bestehende Mädchen-Wohnheim von SOS Kinderdorf. Dieses wurde in zwei Wohnungen eines bestehenden Geschäfts- und Wohnhauses in der Innsbrucker Blasius-Hueber-Straße eingerichtet und lange Zeit von Henriette (Penker) Rieder geleitet.[43] Kurz vor der Cranachstraßen-WG wurde dann, zum Dritten, die von 1974 bis 1994 bestehende und von Konrad Sötz geleitete R19-WG für männliche Jugendliche am Innsbrucker Rennweg gegründet.[44] Als Träger fungierte in diesem Fall das Seraphische Liebeswerk, das Kinderhilfswerk des katholischen Kapuzinerordens.[45]

Eine zweite Entwicklungsphase setzte mit der 1976 von Bediensteten des Landesjugendamts gegründeten Arbeitsgemeinschaft für Jugendhilfe (AfJ) ein. Dieser formal unabhängige, aber personell ans Landesjugendamt angebundene Verein diente zur Vermittlung von Jugendlichen an WGs, die sich in freier Trägerschaft befanden und meist erst mit Unterstützung der AfJ eingerichtet worden waren. In fachlicher Hinsicht wiesen diese Wohngruppen häufig einen Charakter auf, der aufgrund ihrer angestrebten „Familienähnlichkeit" mehr an Pflegefamilien denn an WGs erinnerte.[46]

---

40 TLT-Protokoll 14. 12. 1977, 107.
41 TLT-Protokoll 13. 12. 1973, 77.
42 Perl/Schöffmann, Vom Pionierprojekt zur Standardleistung, 376, 381.
43 Horst Schreiber/Wilfried Vyslozil, SOS Kinderdorf. Die Dynamik der frühen Jahre, Innsbruck/München 2001, 230–235; Bettina Hofer/Christina Lienhart, idealistisch und wagemutig. Pionierinnen im SOS-Kinderdorf, Innsbruck/Wien/Bozen 2006, 260–276.
44 Kiehn, Jugendwohngemeinschaften, 219–220; Sommerauer/Schlosser, Gründerzeiten, 115.
45 Friedmann/Stepanek, Demut lernen, 232–233.
46 Sommerauer/Schlosser, Gründerzeiten, 108–114; Marion Vogl, Voruntersuchung für die Erhebung der Bereitschaft der Tiroler Bevölkerung „verhaltensauffällige" Jugendliche aufzunehmen (Forschungsbericht des Institutes für Soziologie der Universität Innsbruck 19), Innsbruck 1982, 99, 133–148.

Mit dem langsamen Auslaufen der AfJ wurde ab Mitte der 1980er-Jahre eine dritte Entwicklungsphase eingeleitet, die wesentlich durch eine sukzessive Konsolidierung und Ausdifferenzierung des Felds gekennzeichnet war. Neben zahlreichen privat getragenen kleineren WGs wie die 1987 gegründete Cranach-WG für weibliche Jugendliche wurden dabei auch wieder große Wohngruppen-Verbände v. a. in privater (z. B. das 1987 in den Räumlichkeiten des ehemaligen Landeserziehungsheims Arzl gegründete Jugendland) und z. T. öffentlicher Trägerschaft etabliert (z. B. das 1992 in den Räumlichkeiten des ehemaligen Landeserziehungsheims Schwaz gegründete Sozialpädagogische Zentrum St. Martin).[47]

Die nunmehrige Bedeutung sozialpädagogischer WGs zeigte sich einerseits quantitativ in der Ausweitung des Platzangebots der stationären Unterbringung in Tirol. Andererseits beeinflusste das WG-Modell auch Reformprozesse innerhalb bestehender Einrichtungen der Kinder- und Jugendfürsorge (z. B. Etablierung pädagogisch konzeptionierter Wohngruppen in Erziehungsheimen). In den 1990ern etablierten sich WGs dann als neuer Standard bei der stationären Unterbringung von Kindern und Jugendlichen.[48] Mittelfristig erwies sich dieser Ansatz daher als äußerst erfolgreich – und damit auch das Vorhaben, das laut einer involvierten Person bereits mit der Gründung der Cranachstraßen-WG verbunden war: Dieser zufolge sei es darum gegangen „zu zeigen, eben den Verantwortlichen im Land [...], dass man mit anderen Konzepten die Ziele, die man für die Jugendlichen hat, [...] sinnvoll und besser erreichen kann".[49]

Bis zum Ende des hier fokussierten Zeitraums wurde jedoch sowohl auf politischer Ebene als auch innerhalb der Verwaltung immer wieder auf die Grenzen der WG-Idee verwiesen, was die Notwendigkeit des Fortbestands der (Landes-) Erziehungsheime implizierte. So erklärte etwa der SPÖ-Abgeordnete Alfred Kienesberger bereits 1970, dass ein WG-Experiment „zweifellos zu begrüßen" sei, jedoch „nur für gewisse Kategorien von [...] sozial verwahrlosten Jugendlichen in Frage komme, während man andere in geschlossenen Anstalten halten muß".[50] Und auch der von 1979 bis 1991 amtierende Sozial- und Gesundheitslandesrat Friedrich Greiderer (SPÖ), der WGs als spezifische „Lebensform für den Jugendlichen"[51] fasste, sah in diesen (ebenso wie im Pflegekinderwesen) keine Universallösung, zumal „ein Bereich von Jugendlichen übrigbleib[t], der in

---

47 Sommerauer/Schlosser, Gründerzeiten, 113–123; Ralser et al., Heimkindheiten, 278, 831–832.
48 Scheipl, Heimerziehung in Österreich, 80; Perl/Schöffmann, Vom Pionierprojekt zur Standardleistung, 392.
49 Interview mit F. S. (Pseudonym), geführt von Andreas Fink, 26. 7. 2022, Aufnahme bei den Autor*innen, 01:23 h.
50 TLT-Protokoll 16. 12. 1970, 120–121.
51 TLT-Protokoll 17. 12. 1981, 125.

diesen Einrichtungen nicht zu halten ist und den wir in unseren Landeserziehungsheimen betreuen müssen".[52]

Vorbehalte gegenüber der Ausweitung des WG-Modells wurden auch verwaltungsseitig artikuliert. So hieß es in den einige Jahre zuvor vom Landesjugendamt festgelegten Aufnahmekriterien der WG, dass „[s]chwer verhaltensgestörte Jugendliche oder Jugendliche mit starken psychischen oder geistigen Schäden, mit Brutalitätsdelikten oder besonderer Aggressivität sowie Süchtige [...] für eine Wohngemeinschaft nicht geeignet"[53] seien. Deutlich kommt hier die für den Jugendfürsorgediskurs der Nachkriegszeit prägende Figur des „unangepassten", oft proletarischen Jugendlichen zum Ausdruck, der eine Gefahr für die bürgerliche Gesellschaft darstellt und im Erziehungsraum WG als nicht kontrollierbar imaginiert wird, weshalb er weiterhin einer gesonderten Unterbringung bedarf.[54]

3.2 Der „humanste Weg": das Pflegekinderwesen

In den Reformdebatten im Tirol der 1970er-Jahre spielte das Pflegekinderwesen eine marginale Rolle. Dies änderte sich ab Anfang der 1980er-Jahre,[55] als es etwa in den Diskussionen im Tiroler Landtag allmählich zur zentralen Alternative zur Heimunterbringung avancierte. Insbesondere der ÖVP-Abgeordnete Albert Handle erhob hier wiederholt die Forderung, Kinder und Jugendliche vermehrt zu „Pflegeeltern zu geben und sie nicht in Heimen und Anstalten unterzubringen",[56] der sich in weiterer Folge auch Landesrat Greiderer anschloss.[57]

---

52 TLT-Protokoll 15. 12. 1983, 156.
53 Bericht über die Einschau bei der „Wohngemeinschaft Cranachstraße 5 a", 8. 10. 1985, 5. TLA, Landeskontrollamt TLA-Zl. 286.
54 Sieder, Dispositiv, 174–178; Alexandra Weiss, Sittlichkeit – Klasse – Geschlecht. Diskurse über Sexualität, Jugend und Moral in den Nachkriegsjahrzehnten, in: Elisabeth Dietrich-Daum/Michaela Ralser/Dirk Rupnow (Hg.), Psychiatrisierte Kindheiten. Die Innsbrucker Kinderbeobachtungsstation von Maria Nowak Vogl 1954–1987, Innsbruck/Wien/Bozen 2019, 295–375, 330–336.
55 Trotz umfassender Reformkonzepte für das Pflegekinderwesen, wie sie etwa seitens einer Enquete des Wiener Jugendamtes 1978 oder seitens der Steirischen Jugendwohlfahrtsenquete 1980/81 entwickelt wurden, dürfte die Umsetzung solcher Reformen nicht bloß in Tirol, sondern auch in anderen österreichischen Bundesländern erst im Zuge der 1980er eingeleitet und nur schrittweise vollzogen worden sein. Walter Spiel/Walter Prohaska, Pflegefamilien im Blickpunkt der Sozialarbeit. Ergebnisse einer Enquete des Jugendamtes der Stadt Wien, Wien 1978; Amt der Steiermärkischen Landesregierung, Steirische Jugendwohlfahrtsenquete, Anhang II – Bericht der Untergruppe „Pflegeeltern"; Elisabeth Raab-Steiner/Gudrun Wolfgruber, Wiener Pflegekinder in der Nachkriegszeit (1955–1970), Wien 2014, 24–25.
56 TLT-Protokoll 13. 12. 1984, 133.
57 TLT Protokoll 16. 12. 1982, 153. Siehe auch 15. 12. 1983, 127; 16. 10. 1984, 23; 13. 12. 1984, 125, 151.

Für den Ausbau des Pflegekinderwesens ins Feld geführt wurde v. a. das budgetpolitische Argument,[58] dass dieses eine – im Vergleich zum Heim – „billige[re]"[59] Option darstelle. Erst nachrangig betonten Politiker*innen, die Unterbringung in Pflegefamilien markiere auch in fachlicher Hinsicht den „humanste[n] […] Weg"[60] der Kinder- und Jugendfürsorge, wobei das wesentlich mit dessen „Familienähnlichkeit" begründet wurde.[61] Programmatisch formulierte einmal mehr der ÖVP-Abgeordnete Handle,

> „daß kein noch so gut geführtes und modernst eingerichtetes Heim einem Kind die Geborgenheit einer funktionierenden Familie ersetzen kann und wir sollten deshalb […] mehr als bisher danach trachten, normale, behinderte, verhaltensgestörte und Problemkinder nicht in Heimen, sondern bei Pflegefamilien unterzubringen".[62]

Dem Erziehungsheim wird hier ein Raumtypus gegenübergestellt, der sich im Wesentlichen durch seine Kleinräumigkeit auszeichnet. Der Anstaltscharakter des Heimes lasse sich, so die Argumentation, nur teilweise überwinden: Trotz interner Reformierung bleibe das Heim eine Großeinrichtung, der jenes Sicherheits- und Wohlgefühl fehle, das die Familie aufgrund ihrer Überschaubarkeit und Stabilität hervorbringe.

Um das intendierte Ziel eines Ausbaus des Pflegekinderwesens zu erreichen, gab Landesrat Greiderer Anfang der 1980er eine wissenschaftliche Untersuchung beim Institut für Soziologie der Universität Innsbruck in Auftrag, deren Ergebnisse im Rahmen zweier Studien veröffentlicht wurden.[63] Diese bestanden im Wesentlichen in der Feststellung eines beträchtlichen Potenzials an Haushalten, die sich zur Aufnahme eines sogenannten „Problemkindes" bereit erklärten.[64] Greiderer griff diesen Impuls auf und startete wenige Monate nach dem Abschluss der Untersuchung mit dem Ausbau der Pflegeelternarbeit seine zweite Initiative in diesem Feld.[65]

Wie der Landesrat betonte, hatten sich Anfang der 1980er bereits „zwei Vereine gebildet, die sich mit dem Problem der Pflegefamilien zu beschäftigen ha-

---

58 U.a. LR Bassetti in: TLT-Protokoll 13. 12. 1978, 117; Abg. Handle in: TLT-Protokoll 16. 12. 1982, 120; LR Prior in: TLT-Protokoll 16. 10. 1984, 26; Abg. Perfler in: TLT-Protokoll 13. 12. 1984, 147.
59 LR Greiderer in: TLT-Protokoll 13. 12. 1984, 151.
60 LR Greiderer in: TLT-Protokoll 15. 12. 1983, 156.
61 LR Prior in: TLT-Protokoll 16. 10. 1984, 26.
62 TLT-Protokoll 14. 12. 1988, 101.
63 Vogl, Voruntersuchung; Tamás Meleghy/Heinz-Jürgen Niedenzu/Max Preglau, Untersuchung über die Bereitschaft der Tiroler Bevölkerung verhaltensgestörte und behinderte Kinder aufzunehmen (Forschungsbericht des Institutes für Soziologie der Universität Innsbruck 23), Innsbruck 1984.
64 Ebd., 113–115.
65 TLT-Protokoll 13. 12. 1984, 125.

ben"⁶⁶ und die im Sinne freier Träger wesentliche Impulse für die Erneuerung des Pflegekinderwesens in Tirol setzten: Der im November 1982 durch Beschäftigte der Kinder- und Jugendpsychiatrie der Universitätsklinik gegründete Verein „Heilpädagogische Pflege- und Adoptivfamilien in Tirol"⁶⁷ orientierte sich an Modellen heil- bzw. sozialpädagogischer Pflegestellen, wie sie beispielsweise in Deutschland und der Schweiz bereits seit Längerem existierten.⁶⁸ Stand die Vermittlung und Begleitung von Kindern und Jugendlichen mit besonderem Förderbedarf in Pflege- und Adoptivfamilien anfänglich im Fokus der Aktivitäten des Vereins, so kamen in späteren Jahren weitere Tätigkeitsfelder (z. B. ambulante Familienbetreuung) hinzu.⁶⁹ Daneben lag die Pflegeelternarbeit in der Kompetenz des im November 1983 gegründeten „Vereins Pflegefamilien und Soziale Arbeit in Tirol", der sich später in „Verein für Soziale Arbeit" umbenannte. Initiiert wurde dieser vom Bewährungshelfer Klaus Madersbacher, der darin eine praktische Konsequenz seiner heimkritischen Aktivitäten im Rahmen des Tiroler Arbeitskreises für Heimerziehung sah.⁷⁰

Was ihr Aufgabenspektrum anbelangt, moderierten die freien Träger im Rahmen ihrer Arbeit beispielsweise Pflegeelternrunden oder boten Vorbereitungskurse für Pflegeelternanwärter*innen an.⁷¹ Die Verantwortung für die Erteilung von Pflegebewilligungen sowie die Pflegeaufsicht hingegen lag weiterhin beim öffentlichen Träger.⁷² Doch auch hier kam es zu Veränderungen, konkret zu einer Standardisierung der Abläufe und Zentralisierung von Entscheidungsbefugnissen. Vieles von dem, was noch bis Anfang der 1980er-Jahre in der (primären) Kompetenz und Verantwortung der jeweils zuständigen Sprengelsozialarbeiter*innen lag – von der Akquise von Pflegeelternanwärter*innen bis hin zur Durchführung der Pflegeaufsicht –,⁷³ wurde nunmehr nämlich verstärkt seitens der Verwaltungsbehörden auf Landes- und Bezirksebene reguliert und vereinheitlicht (z. B. Definition klarer Kriterien und Verfahrensabläufe).⁷⁴ Of-

---

66 TLT-Protokoll 16. 10. 1984, 23.
67 Claudia Niedermair, Die heilpädagogische Pflegefamilie als therapeutisches Handlungsfeld: sozialgeschichtliche, familiendynamische und alltagsintegrative Aspekte. Mit besonderer Berücksichtigung des Vereins der Heilpädagogischen Familien in Tirol, Dipl. Arb., Universität Innsbruck 1995, 33.
68 Bonhoeffer/Widemann, Kinder in Ersatzfamilien, 172–247; Joseph Martin Niederberger/Doris Bühler-Niederberger, Formenvielfalt in der Fremderziehung. Zwischen Anlehnung und Konstruktion, Stuttgart 1988, 56–59, 69–94.
69 Niedermair, Die heilpädagogische Pflegefamilie, 33/37.
70 Sommerauer/Schlosser, Gründerzeiten, 124.
71 Inge Daxböck-Waldbauer, Pflegefamilienwesen gestern – heute – morgen, in: Soziale Arbeit in Tirol (1990) 16, 4–8.
72 Ebd.
73 Vogl, Vorstudie, 73–79.
74 Romana Hinteregger/Susanne Zoller-Mathies, Das Abenteuer hat sich gelohnt. Pflegeeltern in Tirol, Innsbruck 2006, 13, 25.

fenbar sollte dadurch die mit dem Ausbau des Pflegekinderwesens verbundene organisationale Dezentralisierung der Kinder- und Jugendfürsorge auf Verwaltungsebene wieder eingefangen werden. Seinen (vorläufigen) Abschluss fand dieser Prozess in den späten 1990er- bzw. frühen 2000er-Jahren, als auf Impuls einzelner Bezirksjugendämter hin (z. B. Innsbruck-Land) seitens des Landesjugendamts ein Arbeits- und Organisationshandbuch vorgelegt wurde, in dem für die verschiedenen Tätigkeitsbereiche wie das Pflegekinderwesen sogenannte „Produktpläne" entwickelt wurden,[75] um die sozialarbeiterische Praxis stärker zu standardisieren und deren Qualität zu sichern.[76]

Bis Ende der 1980er-Jahre freilich konnte der dargestellte parteienübergreifende Konsens bezüglich des geforderten Ausbaus des Pflegekinderwesens jedoch nicht darüber hinwegtäuschen, dass auch darin – ebenso konsensual – keine Universallösung gesehen wurde. Vielmehr betonten Vertreter*innen beider Parteien wiederholt die Grenzen des Pflegekinderwesens: So seien laut verschiedenen ÖVP-Abgeordneten „Pflegefamilien für sehr schwierige Fälle […] kaum möglich",[77] weshalb das „Heim sicherlich da und dort eine Notwendigkeit sein wird, auch in Zukunft".[78] Und auch Landesrat Salcher erklärte 1977, dass es zwar „für den ‚Regelfall' […] keine bessere [Therapie; Anm. d. A.] als eine geordnete Familie" gebe. Gleichzeitig verwies er aber auf „gewiss[e] Jugendliche, die man nicht einfach in Familien unterbringen kann. Für sie ist eine Heimpflege notwendig."[79]

Salchers Sichtweise dürfte auch bei den zuweisenden Stellen geteilt worden sein. Die erwähnte Vorstudie zum Ausbau des Pflegekinderwesens in Tirol gibt Einblick in die Zuweisungspraxis der Bezirksbehörden Anfang der 1980er-Jahre: Demnach schickten die Jugendämter überwiegend Säuglinge sowie Kinder bis zum 6. bzw. 10. Lebensjahr an Pflegefamilien, während „Schwererziehbare", „Behinderte" und ältere Jugendliche dort als „schwer unterbringbar" angesehen wurden.[80] Begründet wurde dies intern mit den speziellen Bedürfnissen der Jugendlichen, wie sich eine um 1980 im Bezirksjugendamt Innsbruck-Land tätige Person erinnert: Es sei mit der Zeit klar geworden, dass v. a. bei größeren Kindern und Jugendlichen „das nicht mehr geht in Pflegefamilien, weil die diese Vorbelastungen, die da bestehen, oder Situationen, die die Kinder natürlich da ein-

---

75 Arbeits- und Organisationshandbuch BH Innsbruck Land (o. D. [1996/1999/2002]). Privatarchiv Fuchs-Mair, Kapitel IV./3.1 „Pflegeeltern zur Verfügung stellen" (Produktbeschreibung: Gewinnung, Qualifizierung, Begleitung und Kontrolle von geeigneten Pflegeeltern).
76 Waltraud Fuchs-Mair, Leitidee Kindeswohl. Aus dem Arbeits- und Organisationshandbuch der Bezirkshauptmannschaft Innsbruck-Land, in: Der österreichische Amtsvormund (2001) 164, 285–288.
77 Abg. Hribar in: TLT-Protokoll 10. 12. 1987, 117.
78 LR Prior in: TLT-Protokoll 16. 10. 1984, 26.
79 TLT-Protokoll 14. 12. 1977, 106.
80 Vogl, Vorstudie, 73–79.

gebracht haben, die waren in Pflegefamilien in der Regel nicht zu bewältigen".[81] Mit dem Jugendwohlfahrtsgesetz (JWG) 1989 sollte diese Praxis ein rechtliches Fundament finden: Festgelegt wurde dort, dass bei einer notwendigen Fremdunterbringung „vor allem bei Säuglingen und Kleinkindern, Pflege und Erziehung in einer Pflegefamilie den Vorrang" haben sollen (§ 28, Abs. 2).[82]

3.3 „Einweisung vermeiden": ambulante Beratungs- und Betreuungsangebote

Die Auseinandersetzung mit ambulanten Beratungs- und Betreuungsangeboten vollzog sich in Tirol im hier fokussierten Forschungszeitraum in zwei Phasen. Zu Beginn der 1970er-Jahre stand die Etablierung neuer Beratungsangebote im Zentrum.[83] Parallel zu seinem Vorschlag für die Etablierung sozialpädagogischer WGs (s. o.) kam so etwa Landesrat Salcher in mehreren Landtagsreden auf den Vorschlag der Etablierung eines Erziehungsberatungszentrums zu sprechen, dem er neben Beratungs- auch Diagnose- und Therapiefunktionen zuschrieb.[84] In einer zweiten Phase ab Mitte der 1980er rückte dann die Entwicklung mobiler Betreuungsangebote v. a. in Gestalt ambulanter Familienbetreuung ins Zentrum.

Begründet wurde die Forderung nach einem Ausbau ambulanter Ansätze in den Landtagsdebatten zuvorderst mit dem Verweis auf deren „prophylaktische" Wirkung, schließlich sei „einer Verwahrlosung vorzubeugen […] viel besser, als noch so moderne Heime zu schaffen".[85] Zudem wurden auch hier budgetpolitische Argumente bemüht,[86] wobei das v. a. im konservativen Lager mit einer Verklärung der Familie als (vermeintlich) bester Erziehungsinstanz einherging. So betonte etwa der ÖVP-Abgeordnete Handle, dass „[k]ein […] Heim […] dem Kind die Geborgenheit der Familie […] ersetzen" könne, weshalb versucht werden solle, „durch Einsatz von Nachbarschaftshilfe, Familienhelferinnen,

---

81 Interview mit A. M. (Pseudonym), geführt von Markus Griesser, 19. 12. 2023, Aufnahme bei den Autor*innen, 00:02 h.
82 Stockart-Bernkopf, Emanuel, Das Jugendwohlfahrtsgesetz 1989 samt Erläuterungen, in: Der österreichische Amtsvormund (1989) 94, 55–71, 65.
83 In den Landtagsdebatten ab den frühen 1980ern fand zudem ein Betreuungsangebot mit längerer Geschichte, konkret das traditionelle System der Familienhelfer*innen, Erwähnung. Abg. Giner/ÖVP in TLT-Protokoll 16. 12. 1982, 135–136; Abg. Hribar/ÖVP in TLT-Protokoll 12. 12. 1985, 116; 14. 12. 1988, 105; LR Greiderer in TLT-Protokoll 16. 12. 1982, 149.
84 TLT-Protokoll 16. 12. 1970, 105–106; 5. 7. 1971, 4.
85 LR Salcher in TLT-Protokoll 10. 12. 1971, 84.
86 U. a. Abg. Ritzer/ÖVP in TLT-Protokoll 16. 12. 1982, 139.

ambulante Dienste [...] Heimaufenthalte soweit als möglich zu erübrigen, zumindest aber zu verkürzen".[87]

Dem (abgesonderten) Heim wurde hier der Sozialraum als Erziehungsraum gegenübergestellt, in dessen Zentrum die Herkunftsfamilie stand und der sich durch das Zusammenwirken professioneller Betreuer*innen der Sozialen Arbeit und der Aktivierung des unmittelbaren Umfeldes konstituierte: Anders als in den durch ein wenig differenziertes pädagogisches Angebot gekennzeichneten Erziehungsheimen ermögliche die Kombination heterogener Maßnahmen vor Ort eine individuelle Problembearbeitung.

In historischer Perspektive blieb das ambulante Beratungs- und Betreuungsangebot in Tirol, wiewohl vom Tiroler Jugendwohlfahrtsgesetz 1955 vorgesehen, lange unzureichend. Daran änderte auch dessen regionale Erweiterung infolge der Etablierung des Psychologischen Dienstes 1971 und der Eröffnung der ersten Erziehungsberatungsstelle 1973 in Innsbruck vorerst wenig. Ein signifikanter Einfluss auf die Fremdunterbringung in Tirol konnte so erst durch den Auf- und Ausbau des ambulanten Angebots ab der zweiten Hälfte der 1980er-Jahre erzielt werden:[88] Der Tätigkeitsschwerpunkt der beiden freien Träger im Pflegekinderwesen (s.o.) verschob sich rasch hin zur ambulanten Familienarbeit, „um die Fremdunterbringung von Kindern überflüssig zu machen",[89] so der Verein für Soziale Arbeit. „Das war von Vornherein die Intention, so quasi die Heime austrocknen und wenn keine Heime mehr sind, dann kann man auch keine Kinder mehr in Heime stecken", erinnert sich ein bei einem freien Träger tätiger Sozialarbeiter.[90] Die Etablierung beschreibt er rückblickend als Differenzierungsprozess, der den zuweisenden Jugendämtern Handlungsspielräume eröffnete: Es ist „mit der Zeit so weit gekommen, dass [...] immer mehr die ambulante Familienarbeit als Alternative zur Fremdunterbringung da halt auch als Mittel der Wahl gesehen worden ist".[91]

---

87 TLT-Protokoll 19.12.1979, 114. Siehe auch Abg. Handle in TLT-Protokoll 13.12.1978, 104; 17.12.1981, 138; 13.12.1984, 132; 10.12.1987, 97.
88 Es ist zu vermuten, dass die Tiroler Entwicklung in diesem Bereich während der 1970er-Jahre zentral dem Vorbild Wiens folgte, wo es bereits in der Zwischenkriegszeit zur Einrichtung von Erziehungsberatungsstellen – und Anfang der 1960er auch zu der eines Psychologischen Dienstes – gekommen war. Sieder/Smioski, Der Kindheit beraubt, 38–39, 48–49; Gudrun Wolfgruber, Von der Fürsorge zur Sozialarbeit. Wiener Jugendwohlfahrt im 20. Jahrhundert, Wien 2013, 33–34, 110, 251. Inwiefern das auch für die Entwicklung der 1980er-Jahre gilt, ist nicht bekannt. Scheipl jedenfalls sieht im „Bestreben, über innovative ambulante ‚Vorfeldmaßnahmen' die Zahl der Heimeinweisungen zu verringern", ein Moment, das die Entwicklung der österreichischen Jugendwohlfahrt bereits in den 1970er-Jahren kennzeichnete. Scheipl, Heimerziehung in Österreich, 72.
89 Soziale Arbeit in Tirol 1986, 3.
90 Interview mit L. U. (Pseudonym), geführt von Andreas Fink, 7.6.2022, Aufnahme bei den Autor*innen, 00:53 h.
91 Ebd., 00:31 h.

Ab Mitte der 1980er-Jahre stellte das Land Tirol dann auch ein jährliches Sonderbudget zur „vorbeugenden Betreuung" zur Verfügung, das 1989 auf über 4,2 Mio. ATS angewachsen war, was in etwa einer heutigen Kaufkraft von rund 700.000 Euro entspricht.[92] Der Großteil davon floss an den Verein für Soziale Arbeit.[93] Zum Teil wurden diese Mittel „durch Minderausgaben beim Aufwand für die Heimerziehung gedeckt", wie die Landesregierung in einer Stellungnahme an das Landeskontrollamt mitteilte.[94] In der Tat waren die – gänzlich vom Land bereitgestellten – Aufwendungen für die Fürsorgeerziehung Ende der 1980er-Jahre erheblich zurückgegangen.[95] Mit dem JWG 1989 sollten beratende und vorbeugende Maßnahmen insbesondere durch freie Träger als „Soziale Dienste" (§§ 11–13) rechtlich verankert werden.[96]

Nichtsdestotrotz wurde auch in diesem Zusammenhang in den Landtagsdebatten beispielsweise vom ÖVP-Abgeordneten Klaus Madritsch noch 1989 betont, dass „die Formen der ambulanten Betreuung ihre Grenzen finden und nicht alles abdecken können", weshalb „[w]ir [...] unsere Heime auch in Zukunft brauchen. Wir werden sie nicht einfach aufgeben können".[97] Entsprechend beendete auch der ÖVP-Abgeordnete Handle 1978 sein Plädoyer für den Ausbau ambulanter Sozialdienste durch freie Träger mit dem Hinweis darauf, dass Heime nichtsdestotrotz auch weiterhin „vielfach die einzige reale Möglichkeit der Betreuung"[98] darstellen würden. Ähnlich äußerten sich auch Träger der ambulanten Betreuungsangebote zur Begrenztheit dieses Ansatzes. So betonte der Verein Pflegefamilien und Soziale Arbeit (später Verein für Soziale Arbeit) 1984 in seinem Grundsatzkonzept, dass eine Fremdunterbringung nicht zu legitimieren sei, „[s]olange nicht alle Möglichkeiten erschöpft sind, den betroffenen Familien beim Abbau ihrer Probleme zu helfen. [...] Falls eine Fremdunterbringung von Kindern dennoch unumgänglich sein sollte, sieht unser Konzept die Unterbringung in einer entsprechenden Pflegefamilie vor."[99]

---

92 ÖNB Finanzbildung, Historischer Währungsrechner, URL: https://finanzbildung.oenb.at/inhalte/historischer-waehrungsrechner.html (abgerufen 3.2.2025).
93 Bericht des Landeskontrollamtes über die Einschau in den Verein für Soziale Arbeit in Tirol, 27.11.1989, 10–13. TLA, Landeskontrollamt, TLA-Zl. 379.
94 Stellungnahme zum Bericht des Landeskontrollamtes über die Einschau in den Verein für Soziale Arbeit in Tirol, 23.5.1990. TLA, Landeskontrollamt, TLA-Zl. 379.
95 Die Aufwendungen des Landes Tirol für Fürsorgeerziehung betrugen 1986 rund 13,3 Mio. ATS, zwei Jahre später lagen sie bei 10,5 Mio. ATS (1988). Bericht des Landeskontrollamtes, 27.11.1989, 10.
96 Stockart-Bernkopf, Das Jugendwohlfahrtsgesetz 1989, 59–60; Dieter Binder/Michael John, Heimerziehung in Oberösterreich, Linz 2018, 406.
97 TLT-Protokoll 14.12.1989, 206.
98 TLT-Protokoll 13.12.1978, 104.
99 Verein Pflegefamilien und Soziale Arbeit in Tirol, Konzept und Zielsetzungen des Vereins, 3.1.1984. Privatarchiv Madersbacher (Institut für Erziehungswissenschaften).

In Abgrenzung sowohl zur Heimunterbringung als auch zu den inzwischen etablierten sozialpädagogischen WGs schlug der Verein jedoch die Schaffung „eines integrierten Gesamtmodells" vor, „das sozusagen die Vorteile beider vereinigt": die der ambulanten Sozialen Arbeit und der Pflegefamilien. Wenngleich das Pflegekinderwesen beim Verein, wie dargelegt, rasch an Bedeutung verlor, war dieser Ansatz durchaus neu und sollte, wie es wenig später in einem Tätigkeitsbericht hieß, „das Spektrum der Möglichkeiten, die dem Jugendamt zur Verfügung stehen, [...] erweitern".[100]

IV. Schluss

Wie gezeigt wurde, spielten Alternativprojekte, die in kritischer Abgrenzung zur anstaltsförmigen Heimerziehung etabliert wurden, auch für die Entwicklung der Tiroler Kinder- und Jugendfürsorge eine zentrale Rolle. Von Bedeutung waren dabei v. a. drei Ansätze: sozialpädagogische WGs, ein reformiertes Pflegekinderwesen sowie ambulante Beratungs- und Betreuungsangebote. Oft gaben dabei Sozialarbeiter*innen und andere im Sozialbereich tätige Personen den Impuls für Veränderungen. Mitunter in organisierter Form, wie eine Reihe von Initiativen zeigt (z. B. Tiroler Arbeitskreis für Heimerziehung),[101] häufiger jedoch als engagierte Einzelpersonen entwickelten sie auf unabhängiger Basis (z. B. lokal begrenzte Vereine), zuweilen auch im Kontext öffentlicher oder etablierter freier Träger praktische Alternativen zur anstaltsförmigen Heimerziehung.

Damit stießen sie auf Resonanz bei Verantwortungsträger*innen in der Landespolitik und -verwaltung in Tirol, die – v. a. auf der Basis unterschiedlicher budgetpolitischer bzw. fachlicher Motivlagen – die entwickelten Reformkonzepte in selektiver Form aufgriffen. Im Mittelpunkt heimkritischer Aushandlungsprozesse standen ab den 1970er-Jahren zunächst sozialpädagogische WGs, deren Etablierung jedoch mit der Aufgabe der – auch seitens der Politik anfangs formulierten – Leitidee einherging, wonach WGs die bestehenden Erziehungsheime schrittweise ablösen sollten. Ab den 1980ern verschob sich der Fokus der Debatte dann hin zum Pflegekinderwesen und zu ambulanten Angeboten. Zwar ging bei der Übernahme durch die Kinder- und Jugendfürsorge einiges vom kritisch-utopischen Impetus verloren, der mit vielen dieser Projekte verbunden war. Nichtsdestotrotz gelang es so – entgegen allen institutionellen Beharrungstendenzen und widerstrebenden Interessen –, „von unten" inkrementelle

---

100 Verein Pflegefamilien und Soziale Arbeit in Tirol, Bericht über die bisherige Tätigkeit, Juli 1984. Privatarchiv Madersbacher (Institut für Erziehungswissenschaften).
101 Sommerauer/Schlosser, Gründerzeiten, 423–454; Georg Hönigsberger/Irmtraut Karlsson, Verwaltete Kindheit. Der österreichische Heimskandal, Berndorf 2013, 215–233.

Veränderungsprozesse anzustoßen, die mittelfristig in radikalem Wandel münden, wie er zuvorderst in der Schließung der Landeserziehungsheime Anfang der 1990er zum Ausdruck kam.

Legitimatorisch fundiert wurde diese Entwicklung seitens der Tiroler Landespolitik und -verwaltung durch die „Entdeckung" der Besonderheit von Klient*innengruppen, d. h. unter Bezug auf deren je spezifische Problemlagen. Zugleich wurde auch die Beibehaltung anstaltsförmiger Heimerziehung lange Zeit zentral darüber gerechtfertigt, indem einer „Residualkategorie" von als besonderes „verwahrlost" geltenden Kindern und Jugendlichen die „Eignung" für alternative Formen der Betreuung bzw. Unterbringung abgesprochen wurde. Die den Erziehungsheimen zugeschriebene (und vielfach kritisierte) Geschlossenheit[102] erfuhr dabei eine positive Deutung, da in den sogenannten „offenen" Settings nicht alle Jugendlichen „zu halten" seien.

Als Folge der angestrebten Berücksichtigung von Klient*innengruppen in ihrer jeweiligen Besonderheit wurden verschiedene Raumtypen entwickelt, wobei die alternativen Ansätze eine räumliche Konkretisierung erfuhren, indem sie in Abgrenzung zum Raumtypus des anstaltsförmigen Großheims in seiner relativen Geschlossenheit, Großräumigkeit, Abgelegenheit und Homogenität positioniert wurden. Was den letztgenannten Aspekt anbelangt, waren alle drei Alternativansätze insofern durch zunehmende Heterogenität der Trägerschaft gekennzeichnet, als neben den öffentlichen und etablierten freien (d. h. konfessionellen) Jugendwohlfahrtsträgern eine Vielzahl neuer Träger in Erscheinung trat – eine Entwicklung, die mit dem JWG 1989 (§ 8 Abs. 1) im Sinne einer Bevorzugung freier gegenüber öffentlichen Trägern bei nichthoheitlichen Aufgaben rechtlich verankert wurde.[103]

In Bezug auf die Geschlossenheit und Großräumigkeit wiederum wurden alle drei Alternativen – häufig (implizit) orientiert am Modell der bürgerlichen Kleinfamilie als vermeintlich idealem Erziehungsraum – als relativ offen und kleinräumig konstruiert. Dies trat im Fall der ambulanten Familienarbeit (Verbleib in der „Herkunftsfamilie") und des Pflegekinderwesens (Unterbringung in einer „Ersatzfamilie") besonders deutlich zutage, spielte aufgrund der häufig bemühten „Familienähnlichkeit" aber auch bei sozialpädagogischen WGs eine Rolle. Bedeutende Differenzen zwischen den alternativen Ansätzen zeigten sich hingegen hinsichtlich der örtlichen Lage, da das bei den (v. a. frühen) WG-Gründungen angestrebte Ideal der Zentralität – im Sinne ihrer Etablierung in urbanen Zentren bzw. ihrer sozialräumlichen Integration in die jeweilige

---

102 Ingrid Bauer/Robert Hoffmann/Christina Kubek, Abgestempelt und ausgeliefert. Fürsorgeerziehung und Fremdunterbringung in Salzburg nach 1945, Innsbruck/Wien/Bozen 2013, 61–102.
103 Stockart-Bernkopf, Das Jugendwohlfahrtsgesetz 1989, 55, 57–58.

Nachbarschaft – sich im Falle des Pflegekinderwesens bzw. der ambulanten Familienarbeit kaum als relevant erwies.[104]

Gezeigt werden konnte, dass sich die 1970er- und 1980er-Jahre so letztlich auch in der Tiroler Kinder- und Jugendfürsorge als eine durch weitreichende räumliche De- und Rekonfigurationsprozesse gekennzeichnete Schwellenzeit erwiesen, die zugleich durch den (modifizierten) Fortbestand tradierter wie durch die Vorwegnahme sich neu entfaltender Diskurse und Praktiken gekennzeichnet war. Inwieweit die Anschlussfähigkeit alternativer Ansätze (zumindest in ihrer entpolitisierten Form) an dominante politische Leitvorstellungen der Zeit (z. B. neoliberales Spardiktat) als Ermöglichungsbedingung dieses Wandels angesehen werden muss, wäre dabei noch zu klären.

---

104 Zum Teil wurde es auch explizit infrage gestellt, weil es gerade darum ging, Kinder und Jugendliche dezentral – und damit zumindest *auch* abgelegen – unterzubringen bzw. Fremdunterbringung gänzlich zu verhindern.

Sabine Stange

Öffnung und Schließung von Möglichkeitsräumen – Dezentralisierung eines hessischen Großheims in den 1970er-Jahren

I. Einleitung

Im Fokus dieses Beitrags steht die Umstrukturierung eines hessischen Heilerziehungsheims in den 1970er-Jahren.[1] Der Kalmenhof, eine Großeinrichtung für Kinder, Jugendliche und Erwachsene mit kognitiven Einschränkungen und Verhaltensauffälligkeiten, war im Umfeld der hessischen Heimkampagne 1969 in eine Krise geraten, als er öffentlichkeitswirksam von der Presse und pädagogischen Fachkräften kritisiert wurde. Der hessische Landeswohlfahrtsverband als Träger leitete daraufhin als Reformmaßnahme unter dem Stichwort Dezentralisierung eine Reorganisation des Großheims ein.[2] Nach der Kritik der Heimkampagnen war Dezentralisierung in der Heimerziehung ein Trend, dem Ein-

---

[1] Dieser Beitrag ist in dem von der DFG geförderten Teilprojekt (449102739) des länderübergreifenden Forschungsvorhabens „Die Aushandlung von Erziehungsräumen in der Heimerziehung 1970–1990. Ein interdisziplinärer Vergleich von Transformationsprozessen in Österreich, Deutschland und der Schweiz", Laufzeit 2021–2024, entstanden.

[2] Christian Schrapper, Vom Heilerziehungsheim zum Sozialpädagogischen Zentrum – Der Kalmenhof seit 1968, in: Christian Schrapper/Dieter Sengling (Hg.), Die Idee der Bildbarkeit. 100 Jahre sozialpädagogische Praxis in der Heilerziehungsanstalt Kalmenhof, Weinheim/München 1988, 193–229. Zu den Heimkampagnen nach '68 siehe z. B. Christian Schrapper, Voraussetzungen, Verlauf und Wirkungen der ‚Heimkampagnen', in: Neue Praxis 5 (1990), 417–428; Arbeitsgruppe Heimreform, Aus der Geschichte lernen. Analyse der Heimreform in Hessen (1968–1983), Frankfurt am Main 2000, 126–248, darin zur Kritik am Kalmenhof 189–191; Manfred Kappeler, Fürsorge- und Heimerziehung – Skandalisierung und Reformfolgen, in: Meike Sophia Baader/Ulrich Herrmann (Hg.), 68 – Engagierte Jugend und Kritische Pädagogik. Impulse und Folgen eines kulturellen Umbruchs in der Geschichte der Bundesrepublik, Weinheim/München 2011, 65–87; Andreas Fink/Markus Griesser/Kevin Heiniger/Sabine Stange, „Kampf dem Heimterror". Eine vergleichende Zusammenschau regionaler Heimkampagnen im Gefolge von '68 in Westdeutschland, Österreich und der Schweiz, in: Sozial.Geschichte Online 38/2025, URL: https://sozialgeschichte-online.org/wp-content/uploads/2025/04/fink_et_al_heime_vorveroeffentlichung-8.pdf (abgerufen 10.5.2025).

richtungen aus unterschiedlichen Gründen und in unterschiedlichen Ausformungen folgten.[3] Als Dezentralisierung gilt

> „sowohl die Verlagerung von Gruppen in Häuser außerhalb eines zentralen Heimgeländes – gelegentlich auch nur die Auflösung zentraler Versorgungseinrichtungen und die Bildung abgeschlossener Wohneinheiten auf einem zentralen Gelände – als auch ein umfassender Prozeß der räumlichen Zersiedelung und Verlagerung von Kompetenzen auf die Mitarbeiter der kleineren Einheiten".[4]

Im Falle des Großheims Kalmenhof wurde unter dem Stichwort Dezentralisierung vor allem die Delegation von Verantwortlichkeiten an die Beschäftigten der Einrichtung verhandelt. In den dazu archivierten Unterlagen wird die geplante Dezentralisierung explizit auch als Teil einer „Strategie der Befriedung" beschrieben, durch die „Spannungen unter den Mitarbeitergruppen" aufgelöst werden sollten.[5] Die Häuser, in denen die Betreuten lebten, sollten jeweils eine eigenständige pädagogische Leitung bekommen. Dabei orientierte sich die Umstrukturierung an vorhandenen Gebäuden, die fast alle auf einem zusammenhängenden Gelände lagen und zuvor einer zentralen Leitung unterstanden. Übergreifende Versorgungsstrukturen des Großheims blieben weitgehend erhalten.

Im Folgenden wird der Dezentralisierungsprozess des Kalmenhofs aus einer raumsensiblen Perspektive beleuchtet. Dabei wird Raum nicht allein als physischer Ort, in diesem Fall das Gelände mit den zugehörigen Gebäuden, verstanden. Vielmehr wird davon ausgegangen, dass Raum auch sozial hergestellt wird. So können an ein und demselben Ort durch Interaktionen und Platzierung von Gegenständen und Personen verschiedene Räume hervorgebracht werden.[6] Bereits Henri Lefebvre entwarf eine Raumtheorie, in der Raum sowohl in seiner Materialität als auch in seiner sozialen Produziertheit erfasst wird.[7] Lefebvre zufolge lässt sich Raum mit drei wechselseitig verbundenen Dimensionen analysieren. Eine dieser Dimensionen erfasst Planungen und Konzeptionen von Raum sowie raumbezogenes Wissen. Eine weitere Dimension verweist auf die materielle Produktion von Raum, z. B. Architektur, und deren Nutzung in alltäglichen Routen und Routinen. Die dritte Dimension betrifft die symbolische

---

3 Klaus Wolf, Veränderungen der Heimerziehungspraxis: Die großen Linien, in: Klaus Wolf (Hg.), Entwicklungen in der Heimerziehung. Münster 2. Aufl. 1995, 12–64, 14–25.
4 Ebd., 14.
5 Vorlage für die Planungsgruppe Kalmenhof, 27.1.72, 14. Archiv des Landeswohlfahrtsverbandes Hessen (im Folgenden: LWV-Archiv), B 100–32, 1563.
6 Martina Löw, Raumsoziologie, Frankfurt am Main 2001.
7 Henri Lefebvre, The Production of Space, Oxford et al. 1991 [1974].

Bedeutung von Raum. Das triadische und relationale Raumverständnis sensibilisiert den forschenden Blick für die Komplexität von Räumen.[8]

Anhand von Verwaltungsdokumenten und Zeitungsartikeln wird in diesem Beitrag vor allem danach gefragt, wie im Verlauf der Planung und Umsetzung des Dezentralisierungsprozesses neue Möglichkeitsräume konzipiert, hervorgebracht, offen gehalten und wieder begrenzt wurden. Hierbei richtet sich der Blick insbesondere auf die Interaktion zwischen dem übergeordneten Träger und Beschäftigten in dem zuvor zentralistisch und hierarchisch organisierten Großheim. Perspektiven der in der Einrichtung betreuten Personen können anhand der ausgewerteten Dokumente nicht nachvollzogen werden.

Als Einstieg erfolgt zunächst ein kursorischer Rückblick auf die Geschichte des Kalmenhofs bis zur öffentlichen Heimkritik Ende der 1960er-Jahre. Anschließend richtet sich die Aufmerksamkeit sowohl auf die Konzipierungs- als auch auf die Umsetzungsphase der dortigen Dezentralisierung in den 1970er-Jahren. Zum Schluss werden die Ergebnisse zusammenfassend mit Blick auf Wandel und Beharrung erörtert.

II. Rückblick in die Geschichte des Kalmenhofs, 1888–1969

Zur Geschichte des Heilerziehungsheims Kalmenhof liegt eine umfangreiche Publikation vor, die anlässlich seines 100-jährigen Bestehens entstanden ist.[9] Sie befasst sich ausführlich mit der Gründungsgeschichte und dem Auf- und Ausbau der Einrichtung bis in die Weimarer Republik, mit ihrer Geschichte in der Zeit des Nationalsozialismus, mit der Nachkriegszeit, mit der Heimkritik Ende der 1960er-Jahre und mit dem anschließenden Umstrukturierungsprozess. Daran orientiert sich der folgende kurze Einblick in die wechselvolle Geschichte des Kalmenhofs.

Die Einrichtung war 1888 von einem überkonfessionellen Verein als „Idioten-Anstalt" in einem ehemaligen Gutshof in Idstein, einer Gemeinde in der Nähe von Frankfurt am Main, eröffnet worden.[10] Mit Hilfe von gesammelten Spenden wurden bis 1913 auf dem zugehörigen Gelände mehrere neue Gebäude errichtet, darunter das Knabenhaus (1894), das Pensionshaus (1901), das Altenheim

---

8 Nadine Schmidt/Sabine Stange, Hessische Jugendheime nach der Heimkampagne – Wechselseitige Konstruktionen von Raum und sozialer Kontrolle, in: Nadine Schmidt/Sabine Stange (Hg.), Räumliche Dimensionen sozialer Kontrolle in Organisationen der Problembearbeitung, Schwerpunkt Soziale Probleme 35/1 (2024), 37–50, 39–40.
9 Christian Schrapper/Dieter Sengling (Hg.), Die Idee der Bildbarkeit. 100 Jahre sozialpädagogische Praxis in der Heilerziehungsanstalt Kalmenhof, Weinheim/München 1988.
10 Martin Wißkirchen, Idiotenanstalt – Heilerziehungsanstalt – Lazarett. Die Entwicklung des Kalmenhofes 1888–1945, in: ebd., 79–126, 79–83.

(1905), eine Turnhalle (1907) und eine Zentralküche mit Speisesälen.[11] 1926/27 kamen ein Krankenhaus und ein Lehrlingsheim hinzu.[12] Überdies entstand ein ausdifferenziertes Schul- und Ausbildungssystem.[13]

1933 übernahmen die Nationalsozialisten den Kalmenhof.[14] Bald darauf fanden dort Zwangssterilisationen statt[15] und die Einrichtung wurde als „Zwischenanstalt" für Transporte in die Tötungsanstalt Hadamar genutzt.[16] In der 1941 eingerichteten sogenannten „Kinderfachabteilung" wurden Kinder und Jugendliche auch im Krankenhaus des Kalmenhofs ermordet.[17] Eine Verurteilung von Verantwortlichen fand 1947 im sogenannten „Kalmenhof-Prozess" statt. In den folgenden Jahrzehnten wurde dieser Abschnitt in der Geschichte des Kalmenhofs allerdings kaum noch bzw. nicht in vollem Ausmaß in der Öffentlichkeit thematisiert. Erst Anfang der 1980er-Jahre begann die erneute Auseinandersetzung damit, bis schließlich 1987 eine Gedenkstätte beim Gräberfeld unweit des Krankenhauses des Kalmenhofs eingeweiht wurde.[18] Auch in den Archivdokumenten zur Dezentralisierung in den 1970er-Jahren finden sich keine Verweise auf die Geschichte der Einrichtung im Nationalsozialismus, ebenso wenig nahm die öffentliche Kritik am Kalmenhof Ende der 1960er-Jahre darauf Bezug.

Nachdem in den Kriegsjahren die Gebäude des Kalmenhofs vor allem als Lazarett und als Unterkünfte für Soldaten gedient hatten,[19] lebten dort nach Kriegsende zunächst vor allem Geflüchtete, Evakuierte und Vertriebene. Erst ab 1947/48 wurden wieder vermehrt Kinder und Jugendliche im Kalmenhof untergebracht. 1948 löste sich dann der private Trägerverein aus finanziellen und organisatorischen Gründen auf und der zuständige Bezirkskommunalverband übernahm die Einrichtung, die damit in die öffentliche Hand überging.[20] Als im Zuge einer Verwaltungsreform 1953 die hessischen Bezirkskommunalverbände aufgelöst wurden, ging das Großheim in die Trägerschaft des zeitgleich neu

---

11 Ebd., 84–95.
12 Ebd., 111–112.
13 Ebd., 96–106.
14 Ebd., 114–121.
15 Andrea Berger/Thomas Oelschläger, „Ich habe sie eines natürlichen Todes sterben lassen". Das Krankenhaus im Kalmenhof und die Praxis der nationalsozialistischen Vernichtungsprogramme, in: Schrapper/Sengling (Hg.), Idee der Bildbarkeit, 269–336, 274–293.
16 Ebd., 303–310.
17 Ebd., 310–336.
18 Ekkehard Maaß, Verschweigen – Vergessen – Erinnern. Vergangenheitsbewältigung in Idstein, in: Schrapper/Sengling (Hg.), Idee der Bildbarkeit, 337–356; Kerstin Freudiger, Die juristische Aufarbeitung von NS-Verbrechen, Tübingen 2002, 231–243; Dorothea Sick, „Euthanasie" im Nationalsozialismus am Beispiel des Kalmenhofs in Idstein im Taunus (Materialien zur Sozialarbeit und Sozialpolitik 9), Frankfurt am Main 2. Aufl. 1983.
19 Wißkirchen, Idiotenanstalt, 123.
20 Daniela Bakos, Vom Auffanglager zum „Jugendheim besonderer Art" – Der Kalmenhof 1945–1968, in: Schrapper/Sengling (Hg.), Idee der Bildbarkeit, 127–179, 127–141.

gegründeten hessischen Landeswohlfahrtsverbandes über. Zu diesem Zeitpunkt waren dort 980 Minderjährige und 20 Erwachsene untergebracht.[21] Wie in anderen Heimen auch herrschte Personalmangel und die Beschäftigten hatten größtenteils keine pädagogische Ausbildung. Die Heimleitung lag seit den 1950er-Jahren nacheinander bei zwei Direktoren, die als diktatorisch galten.[22] Auf den zweiten Direktor, der ab 1963 im Amt war, konzentrierte sich schließlich 1969 die Kritik am Kalmenhof.

Angestoßen wurde die öffentliche Debatte um das Großheim, das in der zweiten Hälfte der 1960er-Jahre noch immer über 500 Plätze hatte,[23] im November 1969 durch eine Reportage der Journalistin Ulrike Holler im Hessischen Rundfunk. Sie kritisierte zum einen den Umgang mit den dort untergebrachten Kindern, Jugendlichen und Erwachsenen (z. B. Schläge oder Essens- und Taschengeldentzug), zum anderen die hierarchischen Strukturen in der Einrichtung, insbesondere das Verhalten des Heimleiters. Die Kritik wurde in Flugblättern einer Basisgruppe von Ersatzdienstleistenden im Kalmenhof und von einer studentischen Arbeitsgruppe am Institut für Sonderpädagogik an der Universität Marburg aufgegriffen, ebenso wie in regionalen und überregionalen Zeitungen, und führte zu Anfragen im Hessischen Landtag. Beschäftigte aus der Einrichtung äußerten gleichfalls Beschwerden. Der hessische Landeswohlfahrtsverband reagierte auf die Vorwürfe zunächst mit einer Pressekonferenz, dann mit einer internen Untersuchungskommission.[24] Im März 1970 erstattete die „Aktionsgruppe Fürsorgeheime der Heilpädagogischen Aktionsgemeinschaft in Marburg" Anzeige unter anderem gegen den Heimleiter und gegen das für die Heimerziehung verantwortliche Dezernat Erziehungshilfe beim Landeswohlfahrtsverband.[25] Schließlich wurde im Juni 1970 der umstrittene Heimleiter

---

21 Vorlage des Ersten Landesdirektors an den Verwaltungsausschuß des Landeswohlfahrtsverbandes Hessen betr. Rahmenstrukturplan für das Heilerziehungsheim Kalmenhof/Idstein, März 1973, 3. LWV-Archiv, B 81, 283.

22 Von 1949 bis 1962 war Ernst Ilge Leiter des Kalmenhofs, von 1963 bis 1970 Alfred Göschl. Bakos, Auffanglager, 139, 149–157, 169, 171; Schrapper, Heilerziehungsheim, 197–198, 202–204.

23 Für 1967 werden 514 belegte Plätze genannt, 1973 waren es noch 240. Vorlage des Ersten Landesdirektors an den Verwaltungsausschuß des Landeswohlfahrtsverbandes Hessen betr. Rahmenstrukturplan für das Heilerziehungsheim Kalmenhof/Idstein, März 1973, 3–4. LWV-Archiv, B 81, 283.

24 Schrapper, Heilerziehungsheim, 194–198, 202–206; Arbeitsgruppe Heimreform, Aus der Geschichte lernen, 189–194.

25 Anzeige gegen Heimleiter, Frankfurter Allgemeine Zeitung, 31.3.1970. LWV-Archiv, B 81, 273. Darüber hinaus veröffentlichte die Aktionsgemeinschaft Interviews, die im Zuge der verbandsinternen Untersuchung mit Beschäftigten aus Heimen des Landeswohlfahrtsverbandes und mit ehemaligen Heimbewohner*innen geführt worden waren. Zucht-Häuser der Fürsorge – eine Dokumentation, hg. im Auftrag der Heilpädagogischen Aktionsgemeinschaft Marburg, AStA Marburg, o. J. LWV-Archiv, B. LWV.94.

in die Hauptverwaltung des Landeswohlfahrtsverbandes versetzt.[26] An seine Stelle trat als kommissarischer Leiter ein junger Facharzt für Neurologie und Psychiatrie, der den Prozess der Umstrukturierung der Großeinrichtung vorbereiten sollte.[27]

III. Die Dezentralisierung im Kalmenhof in den 1970er-Jahren

Eine Reaktion des hessischen Landeswohlfahrtsverbandes auf die durch die öffentliche Heimkritik verursachte Krise war die als Dezentralisierung betitelte Umorganisation des Kalmenhofs. Diese umfasste mehrere ineinander verwobene Stränge. So finden sich in den dazu archivierten Unterlagen[28] nicht nur Überlegungen zu einer organisatorischen Dezentralisierung im Sinne einer Aufteilung von Verantwortlichkeiten auf die einzelnen Häuser des Heimkomplexes, sondern auch Gedanken zur zukünftigen Zielgruppe (schulpflichtige, lernbehinderte Kinder, welche für den Besuch der mit dem Heim in Verbindung stehenden Sonderschule geeignet schienen), zur Reduzierung der Belegungszahlen (unter anderem durch Verlegungen in andere Einrichtungen) oder zur Anwerbung von qualifiziertem Personal. Auch eine (Um-)Nutzung und Renovierung der vorhandenen Gebäude sowie notwendige Neubauten waren Gegenstand der Diskussionen und Planungen.[29] In diesen Überlegungen spiegeln sich Auseinandersetzungen sowohl mit dem gebauten Raum als auch mit Raumpraktiken wider, auf die in diesem Beitrag nur am Rande eingegangen wird. Im Fokus steht im Folgenden vielmehr die Herstellung, Öffnung und Begrenzung von immateriellen und symbolischen Räumen im Verlauf der Konzipierung und Umsetzung des Dezentralisierungsprozesses. Hierfür wird zunächst die Vorbereitung der Dezentralisierung Anfang der 1970er-Jahre und anschließend die Umsetzungsphase bis zu ihrem Abschluss 1978 beleuchtet.

---

26 Schrapper, Heilerziehungsheim, 204–206.
27 Ebd., 215.
28 LWV-Archiv, B 100–32, 1555: Umstrukturierung des Heilerziehungsheim Kalmenhof, 1970–1971; B 100–32, 1563: Dezentralisierung Heilerziehungsheim Kalmenhof, 1971–1972; B 81, 282: Schaffung einer neuen Geschäftsordnung für die Zeit nach der Dezentralisierung, 1974–1976; B 81, 283: Dezentralisierung, 1971–1978.
29 Zu Zielgruppe und Bauvorhaben vgl. den 1973 beschlossenen Rahmenstrukturplan. LWV-Archiv, B 81, 269, Anlage 8 der Dokumentation zum Verlauf der Dezentralisierung, Feb. 1978.

3.1 Konzipierung und Aushandlung der Dezentralisierung, 1970–1972

Bereits im Dezember 1969, also bald nach der öffentlich geäußerten Kritik am Kalmenhof und seinem Direktor, hatte die Hauptverwaltung des Landeswohlfahrtsverbandes Beschäftigte der Einrichtung aufgefordert, ihre Vorstellungen zu einer kollegialen pädagogischen Leitung des Heims zu äußern. Zeitnah legten diese im Januar 1970 ihre Gedanken zu einer Umstrukturierung der Einrichtung vor.[30] Unter anderem hielten sie eine „möglichst weitgehende Dezentralisierung der Verantwortung" für „dringend" erforderlich.[31] Des Weiteren plädierten sie für ein vom pädagogischen Personal gewähltes Leitungsteam, das an die Stelle des bisherigen Direktors treten sollte.[32]

Diese Anregungen griff der an der Spitze des Landeswohlfahrtsverbandes stehende Landesdirektor in seinem Arbeitsauftrag für den zum 1. Juli 1970 eingesetzten kommissarischen Leiter auf. Dort heißt es, dass es „zweckmäßig" sein könne, die Einrichtung „in weitgehend selbständige Erziehungseinheiten – etwa mit 70 Plätzen – zu unterteilen, die pädagogisch, organisatorisch und ggf. haushaltsmäßig weitgehend selbständig unter eigenen Leitungsteams arbeiten".[33]

In einem mehrseitigen Vermerk des beim Landeswohlfahrtsverband für die Heimerziehung zuständigen Dezernats Erziehungshilfe zu Gesprächen mit Vertreter*innen des Kalmenhofs im Herbst 1970[34] findet sich dann eine Ausdifferenzierung der vorgeschlagenen Teams auf unterschiedlichen Ebenen. Dabei fällt ins Auge, dass die Überlegungen vom gebauten Raum ausgehen: Die einzelnen „Häuser"[35] des Großheims erscheinen als getrennte Einheiten mit jeweils zugeordnetem „Hausteam", „Hausleitungsteam" sowie „Hausparlament".[36] Hier ist eine Konzipierung dezentraler demokratischer Aushandlungsräume zu erkennen, in denen das Erziehungspersonal ebenso wie die in der Einrichtung untergebrachten „Minderjährigen", die „parlamentarisch zu beteiligen" seien,

---

30 Schrapper, Heilerziehungsheim, 210.
31 Zit. n. ebd., 214.
32 Ebd., 210.
33 Dokumentation des Koordinators zum Verlauf der Dezentralisierung, Feb. 78, 1. LWV-Archiv, B 81, 269; zit. auch bei Schrapper, Heilerziehungsheim, 216.
34 Vermerk betr. Entwicklungs- und Strukturplanung für das Heilerziehungsheim Kalmenhof, 21.11.1970, LWV-Archiv, B 81, 283.
35 Stammhaus (vorher Haupthaus), Buchenhaus (vorher Schülerheim), Rosenhaus (vorher Pensionat), Birkenhaus (vorher Mädchenhaus), Tannenhaus (vorher Knabenhaus), Sternenhaus (vorher Wirtschaftsgebäude), Sonnenhaus (vorher Krankenhaus), Haus am Berg (vorher Beamtenwohnhaus), Haus im Park (vorher Pflegeheim). Anfang 1969 waren die zum Kalmenhof gehörenden Gebäude teilweise umbenannt worden, Altes Haus und Landhaus behielten ihre Namen. Schrapper, Heilerziehungsheim, 366, Anmerkung 51.
36 Vermerk betr. Entwicklungs- und Strukturplanung für das Heilerziehungsheim Kalmenhof, 21.11.1970, 5. LWV-Archiv, B 81, 283.

einen Platz haben. Als weiterhin verbindende Strukturen innerhalb der Gesamteinrichtung lassen sich die „Fachteams" lesen, die von außen „beratend, anleitend, praktizierend und fortbildend in die Häuser hineinwirken" sollten, sowie ein übergeordnetes „Leitungsteam" für den gesamten Komplex.[37]

Kollegiale Arbeits- und Entscheidungsräume wurden demnach sowohl mit dezentralen als auch mit zentralen Strukturen verknüpft. Das Team kann dabei als symbolischer Raum interpretiert werden, der eine demokratische, gleichberechtigte Zusammenarbeit ermöglicht. Solche Möglichkeitsräume standen dem in der Heimkampagne kritisierten Direktorialsystem des Großheims diametral gegenüber.

Mit der Nachfrage zu Vorstellungen der Kritiker*innen und mit Beratungen zwischen Beschäftigten der Einrichtung und Verantwortlichen des Landeswohlfahrtsverbandes wurde auch direkt im Planungsprozess ein Raum der Kommunikation und Aushandlung geöffnet. Der Vorschlag einer Dezentralisierung, der von Beschäftigten des Heims gekommen war, wurde auf oberster Ebene aufgegriffen und zur weiteren Ausarbeitung über den vorübergehenden Leiter in die Einrichtung zurückgegeben. Hier deutet sich ein wechselseitiger Bottom-Up- und Top-Down-Prozess an, der hierarchische Strukturen zwischen Einrichtung und Träger in den Hintergrund treten ließ und das Personal vor Ort in Planungsprozesse einbezog. Durch soziale Praktiken (Erbitten, Aufgreifen, Ausdifferenzierung, Weiterleitung von Vorschlägen) öffnete sich ein Diskurs- und Aushandlungsraum zwischen Träger und Beschäftigten, der demokratische Züge aufwies, jedoch weiterhin von oben bestimmt war, da die Entscheidungsmacht letztendlich beim Träger blieb. Innerhalb dieses Aushandlungsraumes wurden wiederum demokratische Entscheidungsstrukturen für die Einrichtung entworfen, um dort mit der Etablierung unterschiedlicher Teams weitere Möglichkeitsräume zu eröffnen.

Der Aushandlungsraum zwischen Einrichtung und Träger wurde darüber hinaus auch dadurch hergestellt, dass von den einzelnen Häusern des Kalmenhofs Stellungnahmen zur geplanten Dezentralisierung eingeholt wurden. Die Adressierung der Häuser orientierte sich dabei weiterhin an den vorhandenen baulichen Einheiten. In einer dieser Stellungnahmen wurden im Dezember 1971 auch „bedeutende Nachteile" zur Sprache gebracht. So wiesen die Verfasser*innen unter anderem darauf hin, dass die „derzeit […] fehlende Orientierungslinie, an der sich die pädagogische Arbeit ausrichten könnte und müßte, […] bei der Verselbständigung gänzlich unberücksichtigt" bleibe. Bereits vorhandene pädagogische Differenzen würden sich verstärken und „den begrüßenswerten Reformgedanken u. U. vollinhaltlich entgegenstehen". Zudem

---

37 Ebd.

warnten sie vor „erheblichen Rivalitätserscheinungen", die unter anderem „durch die räumliche Nähe der ‚Heime'" entstehen könnten.[38]

In dieser Stellungnahme scheint eine Spannung zwischen der geplanten Dezentralisierung pädagogischer Verantwortung – hier mit dem Schlagwort „Verselbständigung" gefasst – und dem Anspruch eines gemeinsamen pädagogischen Handelns auf. Die Argumentation erweckt den Eindruck, dass die Verfasser*innen zwar eine Reform grundsätzlich befürworteten, diese aber nicht durch eine größere Eigenständigkeit der einzelnen Häuser verwirklicht sahen. Im Gegenteil, sie antizipierten, dass dadurch ein übergreifendes pädagogisches Konzept in den Hintergrund treten würde.

Dass in der Planungsphase konträren Positionen Raum gegeben wurde, geht auch aus einer Vorlage hervor, in der Anfang 1972 bisherige Überlegungen zur Dezentralisierung für die sogenannte Planungsgruppe, ein mit Vertreter*innen von Träger und Einrichtung besetztes Gremium, zusammengefasst wurden.[39] In dieser Zusammenstellung ist zwar festgehalten, dass das Personal der Einrichtung eine Dezentralisierung als Alternative zu einer direktorialen Leitung überwiegend begrüße; genauso kommen jedoch die in den Stellungnahmen geäußerten Einwände zur Sprache.[40] Dies alles vermittelt den Eindruck, dass Entscheidungen zur Umstrukturierung der Einrichtung nicht top-down, sondern unter Einbeziehung der Mitarbeiter*innen getroffen werden sollten.

Insgesamt liefert die Vorlage sowohl Argumente für die Beibehaltung einer zentralen Leitung als auch Argumente für eine Dezentralisierung. So wird mit einem Zitat aus den „Empfehlungen zur Reform der Heimerziehung" des hessischen Beirats für Heimerziehung darauf hingewiesen, dass viele Heime und Gruppen zu groß seien, um „eine kooperative demokratische Gestaltung der pädagogischen Arbeit im Heim" zu gewährleisten.[41] Hierdurch wird die geplante Dezentralisierung argumentativ in zeitgenössische Überlegungen zur Demokratisierung der Heimerziehung eingebunden. Die Argumentation für die Bei-

---

38 Stellungnahme zu dem Plan, Häuser des HEH Kalmenhofes zu autonomen Heimen zu verselbständigen, 7.12.1971, 1. LWV-Archiv, B 100–32, 1563.
39 Vorlage für die Planungsgruppe Kalmenhof, 27.1.72. LWV-Archiv, B 100–32, 1563. Eine Zusammenfassung dieser Vorlage findet sich auch bei Schrapper, Heilerziehungsheim, 220–221. Mit der Einrichtung der Planungsgruppe Kalmenhof hatte der Aushandlungsraum zwischen Einrichtung und Träger im November 1970 ein offizielles Gremium bekommen. LWV-Archiv, B 100–32, 1555.
40 Vorlage für die Planungsgruppe Kalmenhof, 27.1.72, 8. LWV-Archiv, B 100–32, 1563.
41 Vorlage für die Planungsgruppe Kalmenhof, 27.1.72, 2. LWV-Archiv, B 100–32, 1563. Die „Empfehlungen zur Reform der Heimerziehung" sind abgedruckt in: Wolfgang Bäuerle/Jürgen Markmann (Hg), Reform der Heimerziehung. Materialien und Dokumente, Weinheim 1974, 197–209. Der hessische Beirat für Heimerziehung konstituierte sich im Januar 1970 und setzte sich aus Vertreter*innen aus Praxis, Wissenschaft und Behörden zusammen, darunter auch ein Vertreter des Landeswohlfahrtsverbandes. Arbeitsgruppe Heimreform, Aus der Geschichte lernen, 205–210.

behaltung einer zentralen Leitung bezieht sich hingegen abgesehen von Tradition und Gewohnheit vor allem auf Verwaltungslogiken. Hiermit korrespondiert die angedachte Fortführung zentraler Verwaltungsstrukturen ebenso wie der weitgehende Erhalt zentraler Dienstleistungsbetriebe und Gemeinschaftseinrichtungen, darunter die Werkstätten, die Wäscherei, die Krankenstation, die Kantine, der Konferenzsaal oder Erzieherzimmer sowie der neu eingerichtete Diagnostisch-Therapeutische Dienst. Lediglich die dezentrale Verwaltung einzelner Etatpositionen für den Freizeitbereich sowie eine teilweise Dezentralisierung der Essensversorgung bilden hier eine Ausnahme. Unter anderem sollten die „in den Wohneinheiten vorhandenen Teeküchen" um Herd und Kühlschrank ergänzt werden.[42] In den bisherigen „Wohneinheiten" sollte demnach nicht mehr nur gewohnt, sondern auch gekocht werden. Für diese Veränderung räumlicher Praktiken wurde eine Anpassung der Raumausstattung als erforderlich angesehen.

Hervorzuheben ist, dass es bei den erhofften Auswirkungen der geplanten Dezentralisierung auf die pädagogische Arbeit vor allem um das Personal ging:

> „Es ist zu erwarten, daß in einer auch für die Mitarbeiter überschaubaren Einheit eines kleineren Heimes […] sinnvollere Pädagogik geleistet werden kann, da dann mit der äußeren Sicherheit im Personal (kein Wechsel mehr von Haus zu Haus, stabilere berufliche und persönliche Bezüge) auch die innere Sicherheit und damit die Bereitschaft zur Eigenverantwortung wächst. Entsprechend positive Auswirkungen auf die den Mitarbeitern anvertrauten Kinder sind aus dieser Situation vorauszusehen."[43]

In dieser Argumentation wird explizit die Auswirkung der Größe einer Einrichtung auf die pädagogische Tätigkeit angesprochen. Weil die Überschaubarkeit eines „kleineren Heimes" mehr „Sicherheit" und Stabilität für das Personal biete, sei dieses dadurch eher bereit, Verantwortung zu übernehmen. Dieser Annahme zufolge lässt sich mehr „äußere Sicherheit" durch veränderte Raumpraxen erzielen: Im Gegensatz zu dem vorherigen wechselnden Einsatz in unterschiedlichen Häusern ermöglicht der dezentral konzipierte Raum eine Zuordnung zu jeweils einem Haus. Einer solchen Veränderung der Arbeitssituation hin zu einem „überschaubaren" Setting wird, vermittelt über die Mitarbeiter*innen, zugleich eine Wirkung auf die in der Einrichtung untergebrachten Personen zugeschrieben. Hier konkretisiert sich, wie Raumnutzung und symbolischer Raum (Überschaubarkeit bedeutet Sicherheit) zusammengedacht wurden. Schließlich wurde der gesamte Transformationsprozess ebenfalls als Aushandlungsraum entworfen. Dies legt zumindest folgende Empfehlung nahe:

---

42 Vorlage für die Planungsgruppe Kalmenhof, 27.1.72, 3–4. LWV-Archiv, B 100-32, 1563.
43 Ebd., 9.

„Auf die Offenheit des Versuchsfeldes zu ständiger Modifikationsmöglichkeit des Verfahrens sollte geachtet werden."[44]

Zusammenfassend lässt sich festhalten, dass sich aus der Zusammenschau der hier herangezogenen Archivdokumente herauskristallisiert, dass in der ca. zweijährigen Planungsphase ein Möglichkeitsraum zwischen Beschäftigten in der Einrichtung und dem übergeordneten Träger hergestellt wurde, in dem Verwaltungslogiken ebenso wie Demokratisierungsbestrebungen und pädagogische Überlegungen Beachtung fanden. Vor allem an Verwaltungslogiken orientierte sich die geplante überwiegende Beibehaltung zentraler Verwaltungs- und Versorgungsstrukturen. Eine Verschränkung von Dezentralisierung und Demokratisierung spiegelt sich in den Vorschlägen zur Etablierung demokratischer Entscheidungsräume, z. B. in Leitungs- und Hausteams, wider. Mitbestimmungsrechte für die in der Einrichtung betreuten Personen werden zwar ebenfalls angesprochen, hauptsächlich kreisen die Überlegungen jedoch um die Auswirkungen der Umstrukturierung auf das Personal. Dabei zeigt sich einerseits die Erwartung, dass sich die Arbeitsweise der Beschäftigten durch kleinere und überschaubarere Räume zugunsten der in der Einrichtung betreuten Menschen verändert. Andererseits scheint aber auch die Befürchtung auf, dass durch eine Delegation von Verantwortlichkeiten eine gemeinsame pädagogische Orientierung verloren geht.

3.2 Umsetzung der Dezentralisierung, 1972–1978

Anfang Mai 1972 wurde der kommissarische Leiter des Kalmenhofs schließlich von einem Koordinator abgelöst.[45] Dieser war zuvor in dem interdisziplinären Erziehungshilfeteam tätig gewesen, das der Landeswohlfahrtsverband unmittelbar nach der Heimkampagne in seinem Dezernat Erziehungshilfe installiert hatte, um Reformen in den kritisierten Einrichtungen anzustoßen.[46] An dem Vorbereitungsprozess für die Dezentralisierung war der Koordinator also auf der Trägerseite beteiligt gewesen. Ebenfalls 1972 traten eine vorläufige Geschäftsordnung und jeweils eine Ordnung für die Hausgemeinschaften und für den 1970 neu eingerichteten Diagnostisch-Therapeutischen Dienst in Kraft.[47] Dieser Übergang von der Planungs- zur Umsetzungsphase wurde durch Öffentlichkeitsarbeit begleitet.

---

44 Ebd., 14.
45 Schrapper, Heilerziehungsheim, 223–224.
46 Ebd., 210–211; Arbeitsgruppe Heimreform, Aus der Geschichte lernen, 197–198.
47 Schrapper, Heilerziehungsheim, 224.

So charakterisierte laut einem Zeitungsartikel ein Sprecher des Landeswohlfahrtsverbandes die anstehende Umgestaltung als „ohne Parallele" in der bundesdeutschen Heimerziehung. Mit diesem „Modellversuch" solle der Demokratisierungsprozess in Erziehungsheimen vorangebracht und dazu beigetragen werden, „Empfehlungen des hessischen Sozialministeriums zu verwirklichen".[48] Der neu eingesetzte Koordinator betonte, dass das Konzept in „zahlreichen Gesprächen mit den im Kalmenhof tätigen Erziehern, Ausbildern, Psychologen und Verwaltungsfachleuten [...] diskutiert und schließlich fast einstimmig gebilligt worden" sei.[49] Damit bekräftigte er den im Planungsprozess hergestellten Aushandlungsraum zwischen Träger und Einrichtung. Deutlich hervor tritt in diesen Äußerungen die symbolische Aufladung der vorgesehenen Umstrukturierung als reformorientierte Antwort auf die durch die Heimkritik ausgelöste Krise. So wurde die Dezentralisierung gegenüber der Öffentlichkeit explizit mit zeitgenössischen Demokratisierungsbestrebungen und Reformempfehlungen verbunden.

Im Kontrast dazu steht ein überregionaler Zeitungsartikel von Ernst Klee, der rund zwei Jahre später, im Dezember 1974, den noch andauernden Umstrukturierungsprozess des Kalmenhofs kritisch kommentierte:

> „Man hat dezentralisiert. [...] Die Entflechtung des Anstaltskomplexes geht voran, doch die Verteilung der Verantwortlichkeiten (statt eines Direktors ein Dreierteam mit pädagogischem Leiter, Stellvertreter und gewähltem Vertreter der Erzieherschaft) stößt auf Widerstand des hierarchisch bestimmten Heimträgers. So fallen die pädagogischen Entscheidungen immer noch im 200 Kilometer entfernten Kassel, dem Sitz des Landeswohlfahrtsverbandes, und nicht bei den Pädagogen in Idstein."[50]

Diese Schilderung deutet an, dass der in der Planungsphase hergestellte Aushandlungsraum zwischen Träger und Einrichtung im Umsetzungsprozess enger wurde und etablierte hierarchische Strukturen wieder stärker griffen. Die Kritik nimmt dabei explizit auf die geographische Entfernung zwischen der Einrichtung und dem Träger Bezug und vermittelt dadurch implizit, dass angemessene Entscheidungen nur Fachkräfte vor Ort treffen können. Der physisch-räumlichen Nähe zu der betroffenen Einrichtung wird demnach eine wichtige Bedeutung für die Entscheidungskompetenz im Transformationsprozess zugemessen.

Auch in internen Schreiben und Berichten des Koordinators über den Verlauf des ursprünglich auf zwei Jahre angesetzten Dezentralisierungsprozesses kom-

---

48 Der „Kalmenhof" unter neuer Leitung, Darmstädter Tageblatt, 9.8.1972. LWV-Archiv, B 81, 273.
49 Ebd.
50 Ernst Klee, So dumm wie ein Erzieher, Die Zeit, 20.12.1974. LWV-Archiv B 81, 110.

men Unstimmigkeiten zwischen Einrichtung und Träger zur Sprache.[51] Laut eines chronologisch angelegten Rückblicks auf die Anfang 1978 weiterhin unabgeschlossene Dezentralisierung zeichneten sich schon ab April 1972 Schließungen von Möglichkeitsräumen ab. So bedauerten laut Koordinator Heimbeschäftigte mit Blick auf das vorläufige Organisationsstatut, „daß die Idee der Teamverfassung keinen Niederschlag gefunden hat".[52] Zudem sei die von dem Koordinator und zwei Häusern 1972/73 gemeinsam erarbeitete Ordnung für eine Probephase vor der Verselbständigung der Häuser deshalb „bürokratisch", weil die „Beteiligten hofften, daß ein reibungsloser Geschäftsablauf die Voraussetzung für die Duldung weiterführender Reformen schaffen könne: veränderte Erziehungspraxis, konsequente Aufgabendelegation, gemeinschaftliche Hausleitungen".[53] Auch hier tritt eine Begrenzung des Aushandlungsraumes zwischen Einrichtung und Träger zutage, wenn aus strategischen Überlegungen heraus versucht wird, ein dem Träger zugeschriebenes wirkmächtiges Verwaltungsdenken zu bedienen. Zugleich zeigt sich die Beharrungskraft machtvoller bürokratischer Leitungsstrukturen.

Weiterhin hielt der Koordinator fest, dass, nachdem im Oktober 1973 zwei Häuser die Probephase erfolgreich abgeschlossen hatten, der Träger die Zustimmung zu einer „kollegialen Leitung mit einem gewählten Vertreter der Erzieherschaft" verweigert habe.[54] Während ein Haus diese Ablehnung akzeptiert habe und daraufhin Ende 1973 selbständig geworden sei, habe das andere Haus protestiert. Da seine Forderungen aber weiterhin vom Träger abgelehnt worden seien, habe es nachgegeben und sei daraufhin im April 1974 selbständig geworden. Zu einem weiteren Haus habe es vor Eintritt in die Probephase Auseinandersetzungen mit dem Träger gegeben, weil Hausleitung und Erzieher eine eigene Ordnung erarbeitet hatten, die nicht mit dem Organisationsstatut übereinstimmte. Dieses Haus habe sich gleichfalls nicht gegen den Träger durchsetzen können.[55]

---

51 Schreiben des Koordinators an den Landeswohlfahrtsverband Hessen, Dezernat 32 [Erziehungshilfe] betr. Dezentralisierung Kalmenhof, 2.11.1973. LWV-Archiv, B 81, 283; Schreiben des Koordinators an Herrn Landesrat [...], Landeswohlfahrtsverband Hessen, 30.4.1974, betr. Sachstand der Dezentralisierung Kalmenhof. LWV-Archiv, B 81, 283.
52 Dokumentation des Koordinators zum Verlauf der Dezentralisierung, Feb. 1978, 2. LWV Archiv, B 81, 269.
53 Ebd.
54 Ebd., 3.
55 Ebd. Bei den verselbstständigten Häusern handelte es sich um das Buchenhaus (durch Verfügung vom 4.12.1973) und um das Birkenhaus (durch Verfügung vom 2.4.1974). Das Tannenhaus wurde anschließend durch Verfügung vom 8.12.1974 verselbständigt und das Rosenhaus mit Stammhausgruppen durch Verfügung vom 30.7.1976. Schreiben des Dezernat Erziehungshilfe an den Landesdirektor betr. Abschluß der Dezentralisierung im Heilerziehungsheim in Idstein, 6.12.1976. LWV-Archiv, B 81, 283.

Aus dieser Schilderung der Abläufe ist abzulesen, wie die Heimbeschäftigten versuchten, den in der Planungsphase zwischen Träger und Heim hervorgebrachten Aushandlungsraum in der Umsetzungsphase aufrechtzuerhalten und weiter zu nutzen. Seitens des Trägers hingegen, der am Ende die Entscheidungsmacht hatte, wurde dieser Raum aber offensichtlich wieder geschlossen. Laut Koordinator interpretierten die Heimbeschäftigten die wachsenden Spannungen zwischen Einrichtung und Träger wie folgt: „Den Heimen wurde angestrebte Demokratisierung verweigert; ihr Spielraum für selbstverantwortliche Entscheidungen ist durch die Omni-Kompetenz der Hauptverwaltung – auch in Detailfragen – stark eingeengt."[56]

Diese Formulierung bringt die zunehmende Schließung von Möglichkeitsräumen anschaulich auf den Punkt: Mit einer Raummetapher wird der „Spielraum" der Heime als „stark eingeengt" beschrieben. Ursache hierfür sei, dass sich die Verwaltung des Trägers als allwissend gebe und ihre Regulierungsmacht gegenüber der Einrichtung ausspiele. Daneben bleibe den Heimbeschäftigten kein Raum mehr für eigenverantwortliches Handeln.

Trotz aller Schwierigkeiten trat aber am 1. September 1978 schließlich eine neue Geschäftsanweisung für den Kalmenhof in Kraft. Damit war die Dezentralisierung offiziell abgeschlossen. Der Heimkomplex, nun als Sozialpädagogisches Zentrum bezeichnet, bestand aus vier pädagogisch eigenständigen Heimen sowie einer zentralen Verwaltung und zentralen Dienstleistungsbetrieben.[57]

Dass eines dieser Heime außerhalb des Heimgeländes in einem Wohngebiet lag, war zunächst als Übergangslösung gedacht gewesen und nicht im Zuge des Dezentralisierungsprozesses geplant worden. Vielmehr hatte sich die Gelegenheit ergeben, als Anfang der 1970er-Jahre zwei Häuser auf dem Heimgelände wegen Baufälligkeit abgerissen werden mussten. Die dort lebenden Kinder und Jugendlichen zogen daraufhin in zwei gerade fertiggestellte Mehrfamilienhäuser ein, die ursprünglich für Heimangestellte gebaut worden waren.[58] Durch diese Umnutzung von Gebäuden, die eigentlich für einen anderen Zweck vorgesehen waren, eröffneten sich ebenfalls Möglichkeiten. So wird die provisorische Unterbringung in einem Zeitungsartikel zum Beispiel als Gelegenheit skizziert, „in kleiner familienähnlicher Wohngemeinschaft" anders pädagogisch wirken zu können.[59] Bemerkenswert ist hier noch, dass die beiden ausgelagerten Häuser (Birkenhaus und Tannenhaus) im Rahmen der Dezentralisierung des Kalmenhofs bereits jeweils eigenständigen pädagogischen Leitungen unterstanden, bevor sie 1976 dann in den aneinandergrenzenden Mehrfamilienhäusern zum

---

56 Dokumentation des Koordinators zum Verlauf der Dezentralisierung, Feb. 1978, 4. LWV Archiv, B 81, 269.
57 Schrapper, Heilerziehungsheim, 225–227.
58 Kinderheim In der Ritzbach, 1982, 1. LWV-Archiv, B 81, 110.
59 Idsteiner Zeitung, 9. 9. 1971. LWV-Archiv, B 81, 273.

Kinderheim in der Ritzbach zusammengelegt wurden.[60] Hier zeigt sich eine überraschende Gegenbewegung zur proklamierten Dezentralisierung des Großheims.

IV. Dynamiken von Aufbruch und Beharrung

Mit der organisatorischen Dezentralisierung des Kalmenhofs reagierte der hessische Landeswohlfahrtsverband auf die 1969 öffentlich und intern geäußerte Kritik am Direktorialsystem des Großheims und die dadurch ausgelöste Krise. Im Zuge einer Umstrukturierung sollten Verantwortlichkeiten delegiert und aufgeteilt werden, kleinere, übersichtlichere Einheiten entstehen, Leitungsstrukturen demokratisiert werden. Angestoßen wurde der Transformationsprozess sowohl von unten als auch von oben. Den Vorschlag einer Dezentralisierung, der von Beschäftigten aus der Einrichtung kam, griff der Träger auf und spielte diesen in mehreren Schleifen an das Personal vor Ort zurück. Über zwei Jahre wurde so die Umstrukturierung in einem diskursiven Meinungsbildungsprozess vorbereitet. In dieser Zeit wurden Aushandlungsräume zwischen der Einrichtung und dem Träger aktiv hergestellt. Im Verlauf der anschließenden Umsetzung, die in einem Zeitraum von sechs Jahren stattfand, schlossen sich diese Aushandlungs- und Möglichkeitsräume allerdings wieder und hierarchisch geprägte Umgangsformen und Kontrollmechanismen zwischen Träger und Einrichtung griffen erneut.

Der konzipierte dezentralisierte Raum wurde vor allem in seinen Auswirkungen auf die Mitarbeiter*innen der Einrichtung verhandelt und stand für mehr Mitbestimmung und Übernahme von Verantwortung durch das Personal. Auf pädagogische Belange wurde wiederholt verwiesen, eine genauere Ausführung findet sich allerdings nicht. Der symbolische Gehalt der Dezentralisierung lag in der Abkehr von einer autoritären, zentral gesteuerten Leitung und damit im Aufgreifen von zeitgenössischen Demokratisierungsbestrebungen. Der gebaute Raum der Einrichtung wurde hierfür nicht grundlegend verändert. Bei der Festlegung kleinerer Einheiten ließ sich pragmatisch an vorhandene Gebäude innerhalb und außerhalb des Heimgeländes anknüpfen.

Es erscheint lohnenswert, den in diesem Beitrag angedeuteten Verschränkungen von konzipiertem Raum, gebautem Raum und symbolischen Räumen auch mit Blick auf die Wechselwirkungen mit pädagogischen Konzepten weiter nachzugehen. Hierfür könnten zum Beispiel archivierte Unterlagen zur weiteren Entwicklung des hier lediglich kurz angesprochenen Kinderheims In der Ritzbach ausgewertet werden.

---

60 Kinderheim In der Ritzbach, 1982, 2. LWV-Archiv, B 81, 110.

Ein vergleichender Ausblick macht schließlich deutlich, dass andernorts durchaus weitergehende Dezentralisierungen als im Kalmenhof stattgefunden haben, allerdings erst einige Jahre später. So wurde z. B. die traditionell zentral und hierarchisch geführte stationäre Jugendhilfe Hephata in Nordhessen komplett auf dezentrale Einheiten umgestellt. Vorausgegangen war eine Initiative von Mitarbeiter*innen zur Einrichtung von Wohnkollektiven für Jugendliche, aus der sich in den 1970er-Jahren ein Konzept für Außenwohngruppen, zunächst zusätzlich zur zentralen Unterbringung, entwickelte. In den 1980er-Jahren etablierten sich die in Wohngebieten liegenden Außenwohngruppen dann als Standardunterbringung. Diese Wohngruppen versorgten und verwalteten sich selbst und waren über eine Budgetierung auch ökonomisch weitreichend autonom.[61] Die Dezentralisierung der Heimunterbringung im Stadtstaat Hamburg, bei der an die Stelle großer Einrichtungen nach und nach über die Stadt verteilte Wohnungen traten, wurde ebenfalls erst in den 1980er-Jahren eingeleitet.[62]

Vor diesem Hintergrund erscheint die beschriebene Dezentralisierung des Großheims Kalmenhof eher begrenzt. Sichtbar wird hier eine Veränderung in kleinen Schritten. Alles in allem steht die Dezentralisierung des Kalmenhofs exemplarisch sowohl für Aufbruchstimmung und Möglichkeitsräume in den 1970er-Jahren als auch für Begrenzungen durch Beharrungsvermögen und Regulierungskraft von Verwaltungslogiken und hierarchischen Verhältnissen.

---

61 Arbeitsgruppe Heimreform, Aus der Geschichte lernen, 258–275.
62 Klaus-Dieter Müller, Vom Waisenhaus zum modernen Jugendhilfeträger. Die Geschichte des Landesbetriebs Erziehung und Beratung (LEB), 6, URL: https://www.hamburg.de/resource /blob/243482/84537138affd03e1687430392306f24f/leb-historie-gf-mueller-data.pdf (abgerufen 13. 2. 2025).

Michaela Ralser

Aspekte einer Epistemologie des Wandels. Zur Konjunktur wissenschaftsaffiner Reformpolitik im Tirol der frühen 1970er-Jahre: das Soll-Modell und die Entwicklung der Heimerziehung

Der vorliegende Beitrag versteht sich als Fallstudie. Er zeigt die Rolle wissenschaftlichen Wissens im Wandlungsprozess der Kinder- und Jugendhilfe am Beginn der Schwellenzeit in den 1970er-Jahren an einem Beispiel. Im Fokus steht dabei die kurze Konjunktur einer wissenschaftsaffinen Gestaltung der Reformpolitik durch das Sozialressort im Amt der Tiroler Landesregierung. Dieses Regierungshandeln stellt – so die These – eine zwar regionalgeschichtlich besondere, aber im Strom der Entwicklungen durchaus zeittypische Variante einer neuen Koppelung von Wissenschaft und Politik dar. Die Initiative des Soziallandesrates, die unter zivilgesellschaftlichen Druck geratene Heimerziehung mit Hilfe externen, wissenschaftlichen Sachverstands in eine neue Zeit zu führen, wird als feldspezifische Problembearbeitung gedeutet: einerseits den Wandel voranzubringen, andererseits ihn zu regieren. Im Zentrum der hier vorgenommenen Analyse steht eine dieser wissenschaftlichen Expertisen. Es ist die unter dem Namen Salzburger Modell oder auch Soll-Model vom Institut für Psychologie der Universität Salzburg 1974 vorgelegte „Auftragsstudie" zur Umstrukturierung der Tiroler Landeserziehungsheime. Warum gerade diese Studie im jugendwohlfahrtlichen Reformgeschehen zentrale Bedeutung erlangte, wird hier untersucht. Es wird gefragt, welcher Art das in ihr bereitgestellte Wissen war, welche Diskursstrategie sie verfolgte, welche Theorieanschlüsse sie privilegierte und welche Veränderungsmaßnahmen sie empfahl, um ausreichend kompatibel und anschlussfähig schließlich soziale Geltung zu beanspruchen.

I. Wissensproduktion als Gegenstand einer interdisziplinären Wissenschaftsforschung: Methodologie und Forschungsdesiderat

Ich will mit einer knappen methodologischen Einbettung der Fragestellung beginnen. Wenn ich im Rahmen eben dieser wissenschaftsaffinen Reformpolitikgestaltung von einer spezifischen Koppelung von Wissenschaft und Politik spreche, könnte der Eindruck entstehen, ich hielte diese für zwei gänzlich voneinander unterschiedene und nicht aufeinander bezogene Sphären. Das Gegenteil ist der Fall: Beide sind – wenn auch durch unterschiedliche Rationalitäten gekennzeichnet – Teilsysteme der Gesellschaft, beide stehen in einem wechselseitigen, wenn auch nicht ineinander aufgehenden Verhältnis zueinander: Politik etwa orientiert Wissen und wissenschaftliches Wissen wird zunehmend herangezogen, politische Entscheidungen zu orientieren und zu legitimieren. Was hier nun im Besonderen interessiert, ist eine frühe Konjunktur dieser Koppelung in einem spezifischen Feld, der Kinder- und Jugendhilfe in Tirol. Ich lese die ausgehenden 1960er-und frühen 1970er-Jahre vor diesem Hintergrund zeithistorisch als einen Wendepunkt, an dem sozial-, bildungs- und wirtschaftspolitische Akteure beginnen, sich hinsichtlich ihrer politischen Entscheidungen dezidiert auf externe wissenschaftliche Erkenntnisse nicht nur zu berufen, sondern – etwa über die Vergabe von Auftragsstudien – diese auch zu mobilisieren und herauszufordern. Während der Vorgang selbst ganz im Strom allgemeiner Entwicklungen lag, markierte er für Tirol und bezogen auf das Feld der Jugendwohlfahrt ein Regierungshandeln ganz neuer Art.[1] Dieser zeit- und regionalspezifisch neuen, wissenschaftsaffinen Sozialpolitikgestaltung will ich nachgehen und anhand des Soll-Modells zur Umstrukturierung der Tiroler Landesheime die Strukturelemente dieser Wissensproduktion, das heißt ihre Erkenntnismittel, -objekte und -ziele, herausfiltern und schließlich die Wirkungen hinsichtlich des Wandels der Heimerziehung einschätzen sowie einordnen.

Dabei verstehe ich mich methodologisch einer interdisziplinären Wissenschaftsforschung verpflichtet, die sich im Konglomerat der Social Studies of Science seit einigen Jahrzehnten aus der Wissenschaftsgeschichte, der Wissen-

---

1 Mit einer Ausnahme in der Bundeshauptstadt Wien ist das Tiroler Beispiel auch österreichweit – sowohl für das Feld wie die frühe Zeit – einzigartig. Das Wiener Beispiel betrifft die von der Magistratsabteilung 11 ausgehende und von Wissenschaftlerinnen des Instituts für Stadtforschung angefertigte Studie zur Lage der städtischen Heime, die auch als Veröffentlichung vorliegt: Irmtraut Leirer/Rosemarie Fischer/Claudia Halletz (Hg.), Verwaltete Kinder. Eine soziologische Analyse von Kinder- und Jugendlichenheimen im Bereich der Stadt Wien, Wien 1976.

schaftssoziologie und Erkenntnistheorie zusammenfügt hat.² Diese sucht einerseits das Eigenleben der Wissenschaften und ihrer Entwicklungen freizulegen, andererseits Wissenschaft als modernes Teilsystem von Gesellschaft zu begreifen und wissenschaftliche Produktion als spezifische Form sozialen Handels zu deuten, schließlich die wissenschaftliche Praxis einer umfassenden Analyse in all ihren diskursiven und materiellen Dimensionen zu unterziehen.³ Sie betreibt wesentlich im Anschluss an die französische Tradition der 1960er-Jahre[4] Wissenschaftsgeschichte als Historie von Problematisierungen und Problemverschiebungen, als Genealogie wissenschaftlicher Begriffe, Gegenstände und Diskurse, die selbst wiederum Produkte kultureller Aktivität sind, mit den Ziel eine historisch kritische Epistemologie zu etablieren.⁵ Spätestens mit Michel Foucaults „Archäologie des Wissens"[6] geraten die „Wahrheitswirkungen" wissenschaftlicher Diskurse in den Blick und die Vorstellung ins Wanken, dass es wissenschaftliches Wissen nur geben könne, wenn Machtverhältnisse suspendiert sind. Er schlägt deshalb vor, die Beziehungen zwischen Macht und Wissensproduktion zu untersuchen und letztere als bestimmte, historisch spezifischen Regeln gehorchende Praktik aufzufassen, die Machtbeziehungen ebenso voraussetzt wie konstituiert.⁷ Das ist zu viel, um hier zur Gänze umgesetzt zu werden; diese methodologischen Überlegungen werden der folgenden Analyse zur Neufiguration des Zusammenwirkens von Jugendwohlfahrtspolitik und Wissensproduktion im Kontext eines regionalgeschichtlichen Reformgeschehens der 1970er-Jahre jedoch die Richtung weisen.

Gänzlich neu ist dieser Social Studies of Science-Zugang nicht, jedenfalls nicht für die Untersuchung des Wissen-Praxis-Komplexes der *frühen* Kinder- und Jugendfürsorge (letztere verstanden als Fürsorgeerziehung und behördlich verfügte Fremdunterbringung von als erziehungsschwierig und verhaltensauffällig geltenden Kindern und Jugendlichen in eigens für diese errichteten Erziehungsanstalten, deren Anfänge im ausklingenden 19. Jahrhundert liegen). Allerdings ist der historische Komplex der Jugendfürsorge erst vergleichsweise spät zum Gegenstand der Wissenschafts(geschichts)forschung geworden. Inzwischen

---

2 Peter Weingart, Wissenschaftssoziologie, Bielefeld, 2023, 12.
3 Neben den explizit der Wissenschaftsforschung zuzurechnenden Disziplinen sind auch die Einsätze der Feministische Epistemologie, der Cultural Studies und die Postkoloniale Kritik als Forschungsperspektiven in diesem Zusammenhang zu nennen. Vgl. beispielsweise Mona Singer, Geteilte Wahrheit. Feministische Epistemologie, Wissenssoziologie und Cultural Studies, Wien 2005.
4 Gemeint ist hier jene auf Gaston Bachelard aufbauende, mit George Canguilhelm beginnende und bis Michel Foucault reichende Tradition der wissenschaftshistoriografischen Forschungen in Frankreich.
5 Hans-Jörg Rheinberg, Historische Epistemologie zur Einführung, Hamburg 2022, 99–118.
6 Michel Foucault, Archäologie des Wissens, Frankfurt a. M. 1986 [1969].
7 Michel Foucault, Überwachen und Strafen, Frankfurt a. M. 1976 [1975], 39.

aber sind die Arbeiten zahlreich, welche die Entstehung sowie Transformation der frühen Kinder- und Jugendhilfe einschließlich der sie instruierenden und informierenden Fachdiskurse (von den „Verwahrlostenwissenschaften" zur „Kinderpsychiatrie avant la lettre" bis zu der für den österreichischen Kontext besonders bedeutsamen medikalen „Heil- und Sonderpädagogik") untersucht haben.[8] Davon hat schließlich auch die wissenschaftliche Aufarbeitung von Missbrauchs- und Misshandlungsvorwürfen im Zusammenhang mit Heimerziehung profitiert.[9] Beginnend in den 2000er-Jahren und angestoßen von Berichten Betroffener hat diese einem Großteil der Fürsorgeerziehungseinrichtungen und -organe bis weit in die Zweite Republik hinein eine enorme Gewaltförmigkeit attestiert. Die durchgeführten Studien kommen darüber hinaus auch überwiegend zum Ergebnis, dass die in den Institutionen statthabenden Gewalthandlungen nicht bloß interpersonale Geschehen zwischen einzelnen Erzieher*innen und Zöglingen, sondern struktureller und systemhafter Natur waren. Sie stellten nicht bloß Ausfluss einer ungenügenden Praxis dar, sondern wurden flankiert und befördert durch die zeitgenössische Wissensproduktion einer defektlogisch, erb- oder milieutheoretisch argumentierenden, wissenschaftlichen Psychopathologie und Schwererziehbaren-Pädagogik.[10] All diese

---

8 Detlev Peukert, Grenzen der Sozialdisziplinierung, Aufstieg und Krise der deutschen Jugendfürsorge, Köln 1988; Manfred Kappeler, Der Traum vom vollkommenen Menschen – Rassenhygiene und Eugenik in der Sozialen Arbeit, Marburg 2000; Jeroen Dekker, The Will to Change the Child, Wien 2001; Michaela Ralser, Das Subjekt der Normalität, München 2010, 298–310; Reinhard Sieder/Michaela Ralser (Hg.), Die Kinder des Staates = Österreichische Zeitschrift für Geschichtswissenschaft 25 (2014) /1/2.

9 Für den österreichischen Kontext in der Reihenfolge ihres Erscheinens: Horst Schreiber, Im Namen der Ordnung. Heimerziehung in Tirol, Innsbruck/Wien/Bozen 2010; Reinhard Sieder/Andrea Smioski, Der Kindheit beraubt. Gewalt in den Erziehungsheimen der Stadt Wien, Innsbruck/Wien/Bozen 2012; Ingrid Bauer/Robert Hoffmann/Christian Kubek, Abgestempelt und ausgeliefert. Fürsorgeerziehung und Fremdunterbringung in Salzburg nach 1945, Innsbruck/Wien/Bozen 2013; Michaela Ralser/Anneliese Bechter/Flavia Guerrini, Regime der Fürsorge. Eine Vorstudie, Innsbruck 2014; Michaela Ralser/Nora Bischof/Christine Jost/Flavia Guerrini/Ulrich Leitner/Martina Reiter, Heimkindheiten. Geschichte der Jugendfürsorge und Heimerziehung in Tirol und Vorarlberg, Innsbruck/Wien/Bozen 2017; Dieter Binder/Michael John, Heimerziehung in Oberösterreich, Linz 2018; Elisabeth Dietrich-Daum/Michaela Ralser/Dirk Rupnow (Hg.), Psychiatrisierte Kindheiten. Die Innsbrucker Kinderbeobachtungsstation von Maria Nowak-Vogl, Innsbruck/Wien/Bozen 2020; Ulrike Loch/Elisa Imširović/Judith Arztmann/Ingrid Lippitz, Im Namen von Wissenschaft und Kindeswohl. Gewalt an Kindern und Jugendlichen in heilpädagogischen Institutionen der Jugendwohlfahrt und des Gesundheitswesens in Kärnten zwischen 1950 und 2000, Innsbruck/Wien/Bozen 2022; Ina Friedmann/Friedrich Stepanek, Demut lernen. Kindheit in katholischen Kinderheimen nach 1945, Innsbruck/Wien/Bozen 2024.

10 Michaela Ralser, Die Sorge um das erziehungsschwierige Kind. Zur Rationalität der Arbeitsteilung zwischen Psychiatrie und Fürsorgeerziehung am Beispiel der Geschichte der Innsbrucker Kinderbeobachtungsstation, in: Heiner Fangerau/Sascha Topp/Klaus Schepker (Hg.), Kinder- und Jugendpsychiatrie im Nationalsozialismus und in der Nachkriegszeit, Berlin 2017, 557–578.

Forschungen bilden eine für die vorliegende Analyse nicht unerhebliche Hintergrundfolie. Ihre Ergebnisse helfen, das Beispiel einer spezifischen Wissensproduktion im jugendwohlfahrtlichen Reformgeschehen der 1970er-Jahre zu rahmen und zu kontrastieren.

Der Anteil der Wissenschaften am *Wandel* der traditionellen Heimerziehung hat allerdings bislang wenig Beachtung gefunden. Hier setzt der vorliegende Beitrag an.[11] Als Quellenbasis dienen das entsprechende Schriftgut der Sozialverwaltung des Landes Tirol, die Stenographischen Berichte des Tiroler Landtags, Privatarchive und zwei Zeitzeug*inneninterviews mit ehemaligen Studienbeteiligten sowie schließlich prominent die entstandenen Forschungsarbeiten selbst, so sie als Textdokumente überliefert sind. Als Methode kommt eine diskurs- und zuweilen auch raumtheoretisch inspirierte, wissenschaftsgeschichtliche Textanalyse der Quellen, insbesondere des Hauptdokuments (Soll-Modell zur Reorganisation der Heime Kleinvolderberg und St. Martin/Schwaz) zum Tragen.[12]

Ich setzte zunächst mit einer detaillierten Darlegung des Beispielfalls ein, mit seiner zeithistorischen Kontextualisierung und einer ersten wissenschaftssoziologischen Einordnung dessen, was sich hier als spezifische Koppelung von Wissenschaft und Reformpolitik vollzogen hat.

II. Externer wissenschaftlicher Sachverstand als sozialpolitische Transfomationsstrategie einer Heimerziehung unter Druck: die ersten Forschungsaufträge in Tirol

Wir befinden uns am Beginn der 1970er-Jahre. In den Ländern Deutschlands und Österreichs sowie in den Kantonen der Schweiz – in den einen früher und intensiver, in den anderen später und weniger umfassend – geriet die geschlossene Fürsorgeheimerziehung unter Druck. Die Kritik verband progressive Wissenschaftler*innen, Studierende, politische Aktivist*innen und zuweilen auch ehe-

---

11 Er geht hervor aus dem Forschungszusammenhang des vom FWF, der DFG und dem SNF geförderten D-A-CH-Projekts „Die Aushandlung von Erziehungsräumen in der Heimerziehung 1970–1990. Ein interdisziplinärer Vergleich von Wohlfahrtsregionen in Deutschland, Österreich und der Schweiz" (Grant-DOI: 10.55776/I5030) am Institut für Erziehungswissenschaft der Universität Innsbruck. Die Forschungen zum vorliegenden Beitrag finanzierte der FWF. Zum Zweck des freien Zugangs hat die Autorin für jedwede akzeptierte Manuskriptversion, die sich aus dieser Einreichung ergibt, eine „Creative Commons Attribution CC BY"-Lizenz vergeben.

12 Hierzu Achim Landwehr, Historische Diskursanalyse, Frankfurt/New York 2008; Reiner Keller, Wissenssoziologische Diskursanalyse. Grundlegung eines Forschungsprogramms, Wiesbaden 2011; Ulrike Jureit, Das Ordnen von Räumen, Hamburg 2012; Susanne Rau, Räume: Konzepte, Wahrnehmungen, Nutzungen, Frankfurt/New York 2017.

malige oder entflohene Heimzöglinge. „Öffnet die Heime"[13] wurde zur Chiffre ihres Protests; als „Heimkampagne" ging dieser in die Geschichtsschreibung der deutschsprachigen Jugendhilfe ein.[14] Die Fürsorgeheimerziehung, lange Zeit gehandelt als angemessene Bearbeitung des mit jugendlicher Verhaltensauffälligkeit assoziierten sozialen Problems, wurde nun selbst zum Problem.[15] Sie wurde ihrerseits als soziale Probleme und Problemgruppen erzeugend identifiziert und zurückgewiesen. Sie hatte ihre Legitimität als wichtigste Problemlösungsressource weitgehend eingebüßt, was jedoch nicht gleichbedeutend damit war, dass sie aus der Tiroler Jugendwohlfahrtslandschaft verschwand: Vielmehr stellte die Heimstruktur am Beginn der Schwellenzeit in den 1970ern die einzige jugendwohlfahrtliche Unterbringungs- und Erziehungsform in öffentlicher Trägerschaft dar und sie sollte es als vergleichsweise exklusiver Erziehungsraum auch noch für zwei weitere Jahrzehnte bis in die 1990er-Jahre hinein bleiben,[16] wenn auch nicht mehr gänzlich ohne Alternativen.[17]

Die Problematisierung der Heimerziehung fand auch in den Institutionen des politischen Systems Gehör, etwa bei den Ressortverantwortlichen der Kinder- und Jugendhilfe. Der von 1970 bis 1979 amtierende Tiroler Sozial- und Gesundheitslandesrat und spätere österreichische Gesundheits- bzw. Finanzminister Herbert Salcher (SPÖ) stellte im Juli 1971 im Tiroler Landtag (TLT) die grundlegende Frage, „ob Heime solcher Art überhaupt eine Besserung der Jugendlichen herbeiführen könnten".[18] Bemerkenswert ist nicht bloß die „Karrie-

---

13 Der Slogan „Öffnet die Heime" wurde zur Klammer der verschiedenen, aktivistischen Gruppen (in Österreich trat vor allem die Gruppe „Spartakus" in Erscheinung). Er prangte auf Flugblättern, Plakaten oder Bannern. Eine Sammlung solch zeitgenössischer Dokumente und Fotos findet sich in: Nachrichten für Unzufriedene (1971) 3–4, o. S. (8).
14 Eine rezente Studie zu den Heimkampagnen in deutschsprachigen Staaten liefert der Beitrag von Andreas Fink/Markus Griesser/Kevin Heininger/Sabine Stange, „Kampf dem Heimterror". Eine vergleichende Zusammenschau regionaler Heimkampagnen im Gefolge von '68 in Westdeutschland, Österreich und der Schweiz, in: Sozial.Geschichte Online 38/2025, URL: https://sozialgeschichte-online.org/wp-content/uploads/2025/04/fink_et_al_heime_vorveroeffentlichung-8.pdf (abgerufen 10.5.2025).
15 Weil das Konzept der „sozialen Problembearbeitung" häufiger im Beitrag vorkommt, sei hier auf die theoretische Grundlage verwiesen: Axel Groenemeyer, Soziologie sozialer Probleme – Fragestellungen, Konzepte und theoretische Perspektiven, in: Albrecht Günther/Alex Groenemeyer (Hg.), Handbuch soziale Probleme, Wiesbaden 2012, 17–116.
16 Bezogen auf das unnachgiebige symbolische und materiale Erbe der Raumressource Anstalt siehe auch: Michaela Ralser, Die *longue durée* der Fürsorgeerziehung. Untersuchungen zum langen Ende der Anstalt, in: Rita Casale/Fabian Kessl/Nicolle Pfaff/Martina Richter, Anja Tervooren (Hg.), (De)Institutionalisierung von Bildung und Erziehung, Frankfurt/New York 2024, 189–208.
17 Siehe zu den Alternativen den Beitrag von Markus Griesser und Andreas Fink in dieser Ausgabe.
18 Stenographische Berichte des Tiroler Landtages (TLT) in: Österreichische Nationalbibliothek: ALEX Historische Rechts- und Gesetzestexte, URL: https://alex.onb.ac.at/cgi-content/alex?apm=0&aid=spt (abgerufen 3.2.2025), hier TLT-Protokoll, 5.7.1971, 4.

re" dieser Problematisierung – vom zivilgesellschaftlichen Protest zum Politikum auf der Agenda des Landesparlaments – sondern ebenso seine weitere Handhabung. Zur Klärung dieser Frage kündigte Salcher noch in derselben Sitzung des Landtages die Einsetzung einer wissenschaftlichen Enquete an.[19] Ob es in Tirol tatsächlich zu dieser kam, ist nicht gesichert überliefert. Das Vorhaben und die ein paar Monate zuvor im Januar 1971 in Wien und in späterer Folge in weiteren österreichischen Bundesländern abgehaltenen Heimenqueten,[20] die in der Regel Akteur*innen aus Politik, Verwaltung und Wissenschaft zusammenführten, spiegeln eine zeittypische Strategie der Politik wider. Offenkundig reichte die bis in die 1960er-Jahre noch übliche „Rekrutierung von akademisch ausgebildeten Personen für die Administration"[21], ausgestattet mit „ressortbezogenem, bürokratischem Fachverstand",[22] nicht mehr aus, die gesellschaftlichen Entwicklungen zu begleiten und zu moderieren. Was hier als spezifische Relation zwischen Wissenschaft und Politik seinen Ausgang nahm, wird sich bis heute zu einem umfänglichen Beratungsapparat entwickelt haben. Seine Sozialformen: Beiräte und Kommissionen, externe Gutachterstäbe oder ressortbezogene, eigene Forschungsabteilungen.[23] Die zweite Maßnahme Salchers, die politischen Entscheidungen mit vorhandenem wissenschaftlichen Wissen zu begründen und so möglicherweise vor Einsprüchen politischer Mitbewerber (die ÖVP verfügte im Landtag über eine absolute Mehrheit und die Beamtenschaft der Sozialverwaltung galt als ÖVP-nahe) abzusichern, war die Vergabe von Studien bzw. Gutachten an einzelne Forscher*innen bzw. Universitätsinstitute. Ein halbes Jahr nach Salchers Frage, ob Erziehungsheime noch eine Berechtigung hätten, folgte im Dezember 1971 im Landtag die Ankündigung eines ersten Forschungsauftrags, der sich mit der zukünftigen Ausgestaltung stationärer Unterbringungsformen im Bereich der Tiroler Jugendwohlfahrt befassen sollte:

---

19 Ebd.
20 Etwa in Salzburg im Dezember 1976 mit der von der Landesregierung initiierten Enquete zur „Betreuung schwersterziehbarer Jugendlicher" (Bauer/Hoffmann/Kubek, Abgestempelt, 331–334) und in Graz durch die von Soziallandesrat Josef Gruber einberufene „Steirische Jugendwohlfahrtsenquete", die vom Herbst 1980 bis Sommer 1981 zusammenkam (Josef Scheipl, Heimreform in der Steiermark, Klagenfurt 2001, 209–210). In Oberösterreich setzte die Landesregierung statt auf externe wissenschaftliche Expertise auf eine Reformierung von innen heraus: Der vom Land 1971 gegründete und von allen Heimen beschickte „Arbeitskreis Oberösterreichischer Heimleiter e. V." fungierte laut Binder/John (Heimerziehung, 499) in den Folgejahren als Vernetzungsplattform und „Reforminstrument" in der Jugendwohlfahrt des Landes.
21 Weingart, Wissenschaftssoziologie, 90.
22 Ebd.
23 Einen guten Überblick über die seit den 2000er-Jahren statthabenden Formen der Koppelung von Wissenschaft und Politik gibt, hier auf ein anderes Politikfeld bezogen, die Dissertation von Harald Heinrichs, Politikberatung in der Wissensgesellschaft: eine Analyse umweltpolitischer Beratungssysteme, Wiesbaden 2002.

„Ich bin der Meinung, dass wir hier nicht gefühlsmäßig entscheiden sollen, sondern dass wir durch diesen Forschungsauftrag sicherlich die Kosten dadurch um ein Vielfaches hereinbringen, indem wir so eine planvolle Entwicklung auf diesem Sektor sicherstellen".[24] Damit führte er eine Haltung ein, die während der gesamten 1970er-Jahre seine Reden im Tiroler Landtag prägte. In den von Salcher beauftragten Forschungsaufträgen kam das Vertrauen in eine durch externen wissenschaftlichen Sachverstand informierte Politikgestaltung zum Ausdruck, die sich in den 1960er- und 1970er-Jahren insbesondere im Feld der Bildungs- und Sozialpolitik etablierte und als wissenschaftliche Begleitung einer Steuerung des sozialen Wandels sowie von politischen Reformprozessen auch international durchaus üblich war.[25]

Aus der Dokumentation der Anbahnungen und Konkretisierungen von Forschungsaufträgen in den Verwaltungsakten[26] wird ersichtlich, dass weder Politik und Verwaltung noch die wissenschaftlichen Institutionen auf diese neue Aufgabe vorbereitet waren. Nicht für alle Ideen und Vorschläge fanden sich geeignete und bereite Wissenschaftler*innen.[27] Das lag auch an der Struktur der damaligen Universitäten: Die meisten der für Aufträge infrage kommenden Fächer – die Erziehungswissenschaft, die Psychologie und die Soziologie – verfügten erst über eine kurze eigenständige Institutionalisierungsgeschichte, über wenig wissenschaftliches Personal und so gut wie keine ritualisierte Praxis im Umgang mit Drittmittelforschung.[28] Die unterschiedlichen Systemrationalitäten von Politik, Verwaltung und Wissenschaften führten darüber hinaus nicht selten zu Miss-

---

24 TLT-Protokoll, 10.12.1971, 84.
25 Einige wenige Beispiele für den deutschen Sprachraum mögen dies illustrieren: die westdeutsche, schweizerische und österreichische Justizreform im Bereich des Jugendstrafrechts samt Begründung der Bewährungshilfe und der Absenkung des Strafalters als Folge der Sozialisationsforschung u. a. von Jugendlichen im Strafvollzug; die wissenschaftlich breit geführte Koedukationsdebatte und die nachfolgend flächendeckende Einführung des gemeinsamen Unterrichts von Mädchen und Buben oder auch die zuerst in der Bundesrepublik, später auch in Österreich zahlreich durchgeführten, sogenannten interdisziplinären „Psychiatrie-Enqueten", die eine Restrukturierung der psychiatrischen Versorgung zur Folge hatten, den Ausgangspunkt für diverse Ausgliederungsprojekte einzelnen Patient*innengruppen aus der Anstaltspsychiatrie lieferten sowie insgesamt zur Errichtung von extramuralen psychiatrischen Hilfesystemen führten.
26 Tiroler Landesarchiv (TLA), Amt der Tiroler Landesregierung, Abteilung Vb (Jugendwohlfahrt) – Vb 471 h, Ktn 7.
27 Von den neun in der Abteilung Jugendwohlfahrt der Tiroler Landesregierung erarbeiteten Themenvorschlägen erlangten schließlich nur vier einen derartigen Konkretheitsgrad, als dass sie in einen Forschungsauftrag mündeten, dokumentiert in einem Schreiben der Abteilung Vb (gezeichnet mit Dr. Lechleitner) mit dem Betreff „Forschungsaufträge und Grundlagenforschung im Rahmen der Fürsorgeerziehung" an den Landessozialreferenten Dr. Herbert Salcher vom 8.11.1971. TLA, Abteilung Vb – Vb 471 h, Ktn 7.
28 Etwa musste ein Projekt zum Pflegkinderwesen, welches an das Institut für Soziologie der Universität Innsbruck gehen sollte, acht Jahre auf seine Realisierung warten. Siehe dazu weiter unten.

verständnissen und mitunter zu störungsanfälligen Abläufen, aber auch zu politik- und verwaltungsseitiger Privilegierung bestimmter Wissensformen vor anderen, etwa zur Favorisierung anwendungsbezogenen Steuerungswissens, wie es das Salzburger Modell schließlich lieferte (Stichwort: Verhaltens- und Einstellungstraining vor Strukturänderung). Es kam – wie aus dem Schriftverkehr und den Erinnerungen eines Zeitzeugen[29] hervorgeht – zudem vor, dass die Expert*innen (etwa die Forschungsgruppe am Institut für Erziehungswissenschaft der Universität Innsbruck im Jahr 1972, an der auch höhersemestrige Studierende beteiligt waren) den politischen Akteuren Antworten lieferten, die für diese etwa des grundlagentheoretischen Forschungszuschnitts wegen nicht unmittelbar brauchbar waren (das Projekt wurde aufgrund eines Zielkonflikts zwischen Auftraggeber und Auftragsnehmer schließlich abgebrochen bzw. nicht fortgeführt),[30] oder aber, dass sie Materien untersuchten und daraus Empfehlungen ableiteten, wie etwa ein ebenfalls mit einem Forschungsauftrag beauftragtes Mitglied des Instituts für Psychologie der Universität Innsbruck, die sich nicht zur praktischen Umsetzung eigneten.[31] Landesrat Salcher erwähnte diese beiden Projekte ein einziges Mal in einer Ressortrede, mit der Bemerkung, dass auch diese „sehr wertvolle Ergebnisse" hervorgebracht hätten.[32] Insgesamt aber dürften sie wenig Einfluss auf die Entwicklung der Jugendwohlfahrt gehabt haben, zumal auch das Verwaltungsgedächtnis wenig über sie preisgibt.[33]

In dieser Hinsicht eine Ausnahme bilden die beiden an das Institut für Psychologie der Universität Salzburg vergebenen Forschungsaufträge, zu denen sich Landesrat Salcher zudem in seinen Landtagsreden wiederholt bis ins Jahr 1978 äußerte.[34] Die umfangreiche Überlieferung mag auch dem Umstand geschuldet sein, dass sich die Zusammenarbeit, wenn auch mit wechselnden Akteur*innen,

---

29 Interview mit Studienautor I, ehemaliger Studierender der Erziehungswissenschaften an der Universität Innsbruck, geführt von Sophie Schubert, 2023, Aufnahme bei der Autorin.
30 Die Studentische Arbeitsgruppe unter Leitung von Franz Kroath am Institut für Erziehungswissenschaft der Universität wurde mit der Ausarbeitung eines „Forschungsberichts als Grundlage für weitere empirische Untersuchungen zur Fürsorgeerziehung" (Literaturbericht und anschließend geplante Erstellung eines Resozialisierungsmodells) beauftragt. Als Dotierung wurden 40.000 Schilling in Aussicht gestellt. Paul Lechleitner an Herbert Salcher, 31.1.1973. TLA, Abteilung Vb – Vb 471 h, Ktn 7.
31 Herwig Pfister vom Institut für Psychologie der Universität Innsbruck wurde mit dem Projekt „Psychologische Diagnose, Prognose und praktische Behandlungsvorschläge für die in den Landesjugendheimen aufgenommn Jugendlichen", beauftragt, dotiert mit 70.000 Schilling. Ebd.
32 TLT-Protokoll, 14.12.1972, 84.
33 Die Endberichte der an den Instituten der Erziehungswissenschaft und der Psychologie der Universität Innsbruck vergebenen Aufträge sind u. W. nach nicht mehr erhalten. Sie konnten bislang weder im Bestand Vb (Jugendwohlfahrt) im Tiroler Landesarchiv noch bei den Studienautoren oder an anderer Stelle (etwa in den Institutsarchiven oder Regionalbibliotheken) aufgefunden werden.
34 TLT-Protokoll, 12.12.1978, 95 (letztmalige Erwähnung).

über mehrere Jahre erstreckte. Neben der eigentlichen Studie zur „Entwicklung eines Erziehungsmodells für die Jugendheime Schwaz und Kleinvolderberg", die unter der Bezeichnung Salzburger oder Soll-Modell seit 1974 zu einem wichtigen Referenztext der Reformdebatten wurde, entstanden eine ganze Reihe von teils das Projekt flankierenden, teils daraus hervorgehenden Dissertationen von Projektbeteiligten oder anderen Studierenden des Psychologie-Instituts in Salzburg.[35] Es wurden in den Jahren 1974 bis 1979 so viele Dissertationen zum Thema Heimerziehung wie nie zuvor und auch nie mehr danach verfasst.[36] Parallel zur Entwicklung des Soll-Modells, vor allem aber danach wurden als erste Schritte der Umsetzung sogenannte „Erziehertrainings" abgehalten, die ebenfalls aus Forschungsmitteln bezahlt und – so lässt sich vermuten und erinnert sich ein Studienautor – als Medium zur Herbeiführung eines allmählichen Wandels in den Erziehungsheimen gesehen wurden.[37] Zweifellos erhielten die Forschungsunternehmungen der Salzburger Gruppe so viel Aufmerksamkeit und auch (finanzielle) Unterstützung wie keine anderen in der Schwellenzeit der1970er- und 1980er-Jahre.[38] Als Ausnahme ist höchstens die Einstellungsbe-

---

35 Sowohl die vergleichsweise große Zahl der entstandenen Doktorarbeiten wie die thematische Nähe der Dissertationen untereinander ist bemerkenswert. Alle Dissertand*innen standen in Beziehung mit dem Institut und dem Initiator der Studie (Perrez) bzw. dem späteren Leiter des Forschungsprojekts (Roth) – in den meisten Fällen bezogen sie auch ihr empirisches Material aus den beiden Landesheimen Kleinvolderberg und St. Martin/Schwaz, entweder durch eigene Erhebung dort (insbesondere im Wege von Fragebögen, gerichtet an die Erzieher*innen, in einem Fall auch an die jugendlichen Bewohner*innen) oder durch im Rahmen der Erziehertrainings (die von promovierten Absolvent*innen und fallweise auch von Doktorand*innen abgehalten oder unterstützt wurden) erworbene Beobachtungen. Hier die Arbeiten, in der Reihenfolge ihrer Abgabe: Michael Schmid, Sozialisation und Resozialisation, Diss., Universität Salzburg 1974; Karoline Artner, Nachgehende Fürsorge oder Nachbetreuung bei heimentlassenen Jugendlichen, Diss., Universität Salzburg 1974; Axel Schulze, Kybernetische Aspekte institutionalisierter Heimerziehung, Diss., Universität Salzburg 1974; Paulina Kopper, Effektivitätskontrolle eines Erziehertrainings mit gruppendynamischen Elementen, Diss., Universität Salzburg 1977; Ulrike Moser, Die Tätigkeit des Erziehers im Fürsorgeerziehungsheim unter Pädagogisch-psychologischem Aspekt, Diss., Universität Salzburg 1978; Franz Witzmann, Fürsorgeerziehung. Eine Untersuchung über die Möglichkeiten der programmierten Instruktion in der Lerntheorie zur Modifikation von Erzieherverhalten, Diss., Universität Salzburg 1979.
36 Gesamtverzeichnis österreichischer Dissertationen, Wien 1967–1984; Österreichische Bibliographie, Verzeichnis der österreichischen Hochschulschriften: Diplomarbeiten, Dissertationen, Habilitationsschriften, Wien 1985–1986.
37 Interview mit Studienautor II, Absolvent der Psychologie an der Universität Salzburg, geführt von Sophie Schubert, 2022, Aufnahme bei der Autorin.
38 Die an das Salzburger Forscher*innenteam überwiesenen Gelder lassen sich nicht exakt ermitteln, zumal eine Vermischung zwischen der Bezahlung der eigentlichen Forschungsarbeit und der flankierenden wie nachfolgenden Erziehertrainings (im Sinne eines Monitorings) stattfand. Als relativ gesichert können folgende Kosten gelten: 120.000–150.000 Schilling für die Erstellung der Studie (Soll-Modell), festgehalten im Schreiben von Prof. Perrez (Studienleiter, Universität Salzburg) an Dr. Pissarek (Landesjugendamt) vom 7. 2. 1973

fragung zur „Familienunterbringung verhaltensschwieriger und behinderter Kinder in Tirol", durchgeführt vom Institut für Soziologie der Universität Innsbruck, zu erachten, die – 1984 vorgelegt – das Pflegekinderwesen mobilisieren sollte.[39]

Was nun machte das Soll-Modell so anschlussfähig für den politischen Gebrauch, welche Struktureigentümlichkeiten des Reformvorschlags verhalfen ihm zu jener Position, die es in den 1970er-Jahre im Wandlungsprozess der regionalen Heimerziehung erlangte und warum war seine Wirkung für eine weitgehende Veränderung der Kinder- und Jugendhilfe zugleich derart begrenzt?

III. Das anschlussfähige Wissen einer interventionsbereiten Sozialforschung: eine Analyse der Diskursstrategie des Soll-Modells

3.1 Thematische Gliederung, Überlieferung und erste Einschätzung

Im Folgenden geht es zunächst um eine Analyse der zentralen Aussagen und Aussagelogiken des überlieferten Dokuments und dessen Einordnung als „Fragment" des damaligen Heimreform-Diskurses. Es handelt sich um ein 53 Seiten starkes Typoskript mit dem Titel „Soll-Modell zur Reorganisation der Heime Kleinvolderberg und St. Martin/Schwaz". Verfasst wurde es von den 1974, dem Abgabejahr der Studie, promovierten Psycholog*innen Elisabeth Adelt und Hans Reinecker gemeinsam mit dem als Pionier des Elternverhaltenstrainings bekannt gewordenen, 1973 bereits nach Berlin (später nach Fribourg) berufenen, zum Zeitpunkt der Forschungsanbahnung aber noch in Salzburg weilenden Universitätsassistenten Meinrad Perrez unter letztlicher Gesamtleitung des 1970 nach Salzburg gekommenen, empirisch-experimentell arbeitenden Psychologieprofessors sowie Intelligenz- und Einstellungsforschers Erwin Roth (1926–1998).[40]

(TLA, Abteilung Jugendwohlfahrt – Vb 471 h, Ktn 7) sowie zusätzliche ca. 90.000 Schilling für die Abhaltung der laufenden Erziehertrainings, dokumentiert im Schreiben des Instituts für Psychologie der Universität Salzburg (gezeichnet von den Studienautor*innen Reinecker und Ardelt) an Dr. Lechleitner, Abteilung Vb der Tiroler Landesregierung, vom 10.1.1973 (ebd.).

39 Marion Vogl, Voruntersuchung für die Erhebung der Bereitschaft der Tiroler Bevölkerung verhaltensauffällige Jugendliche aufzunehmen, Forschungsbericht, Institut für Soziologie 1982; Tamas Melegy/Heinz-Jürgen Niedenzu/Max Preglau, Familienunterbringung verhaltensschwieriger und behinderter Kinder in Tirol. Eine empirische Untersuchung; Institut für Soziologie 1984. Beide Berichte sind in der Universitäts- und Landesbibliothek Tirol erhalten.

40 Obwohl Roth für die Studie verantwortlich zeichnete und bei ihr nachfolgenden Dissertationen mitunter als Betreuer fungierte, ist der maßgebliche Einfluss von Perrez, der die Auftragsforschung auch angebahnt hatte, zu betonen. Als psychodynamischen Modellen

Das Dokument gliedert sich in sieben unterschiedlich gewichtete Punkte. Sie definieren knapp die Ziele der Heimerziehung, beschreiben ausführlich Bedingung, Gestalt und Wirkung der einzurichtenden Gruppenstruktur und bekräftigen die Notwendigkeit daraus hervorgehender auch räumlicher Adaptierung und betrieblicher Reorganisation (Stichworte: Gewaltentrennung, Entscheidungstransparenz und Demokratisierung). Ein umfängliches Kapitel ist der Rolle des „Erziehers" und dem „Erzieherverhalten" gewidmet; es schließt mit der zentralen Forderung nach „Erziehertrainings". Es folgen – eher nachgereiht und von geringerem Umfang – die Punkte Prophylaxe, Nachbetreuung und Öffentlichkeitsarbeit. Dafür, dass das Dokument nicht nur für einen Politikwechsel in der Jugendwohlfahrt steht, sondern auch als normativer Referenztext herangezogen wurde – für diverse Umsetzungsvorgaben mittlerer Reichweite durch die Behörden an die Heime einerseits (etwa die heimspezifischen „Verstärkerprogramme") und für die Legitimation der Kritik an ungenügend umgesetzten Reformschritten in den Sozialdebatten bis in die späten 1980er-Jahre andererseits (etwa am Erhalt des Arrestraums) –, ist die Art der Überlieferung des Schriftstücks bemerkenswert. Weder ist der Text irgendwo publiziert oder als Manuskript in wissenschaftlichen Bibliotheken erhalten geblieben, noch war er – wie zu erwarten wäre – im Tiroler Landesarchiv als Teil des aufbewahrten Verwaltungsschriftguts der zuständigen Abteilung auffindbar. Das Dokument gelangte jedoch in den 2010er-Jahren im Zuge der Bestandsübergabe des ehemaligen Arbeitskreises Heimerziehung an mich,[41] nachdem es 1980 auf wiederholte Nachfrage und unter Auflagen vom Leiter der Abteilung Vb des Amts der Tiroler Landesregierung der aktivistischen Initiativgruppe, dem Arbeitskreis Heimerziehung, zur Information ausgehändigt worden war.[42]

Das auch als Salzburger Modell verhandelte Papier ist ein überzeugender Beleg für das zeitspezifische Vertrauen in die Rationalität und Planbarkeit sozialer Vorgänge: durch eine reform- und wissenschaftsaffine Sozialpolitik ebenso wie durch eine – wie im vorliegenden Fall – positivistisch verhaltens-

---

kritisch gegenüberstehender Wissenschafter (vgl. seine Dissertation: Zum Problem des wissenschaftlichen Status der psychoanalytischen Theorie, Salzburg 1971) privilegierte er die Verhaltensforschung und adaptierte die von ihm in anderem Zusammenhang entwickelten und praktizierten Elternverhaltenstrainings für die Heimerziehung (Stichwort: Erziehertrainings als Entwicklungsmotor und Reforminstrument). Roth favorisierte als empirisch-experimenteller Psychologe ebenfalls die Verhaltenstheorie, insbesondere befasste er sich zeitgenössisch mit Einstellungsforschung und somit mit „Einstellung" als bedeutender Verhaltensdeterminante.

41 Das Konvolut aus insgesamt rund 100 Schriftstücken (interne Schreiben und Korrespondenzen) ist Teil einer umfangreicheren Übergabe durch Klaus Madersbacher, Gründungsmitglied des Arbeitskreises, an das Projektteam „Heimgeschichte" am Institut für Erziehungswissenschaft der Universität Innsbruck und wird dort aufbewahrt.

42 Interview mit Klaus Madersbacher, geführt von Michaela Ralser, 2012, Aufnahme bei der der Autorin.

orientierte und interventionsbereite Sozialforschung. Fraglos unterscheidet sich das Schriftstück inhaltlich wie formal von allem, was zur selben Zeit in der Region das Feld der Kinder- und Jugendhilfe diskursiv bestimmte: Es hält Abstand von den bis dahin in Österreich dominierenden heilpädagogisch-kinderpsychiatrischen Arbeiten ebenso wie zu den selteneren und explizit auf Überwindung der Heimstrukturen abzielenden sozialpädagogisch inspirierten Heimkritiken. Das Soll-Modell bot sich als Kompromiss an und sollte einen solchen letztlich als Praxis in den Heimen auch hervorbringen.[43]

3.2 Zielbestimmung, Vokabular und Theorieanschlüsse

Das Dokument beginnt mit aus der Kriminologie entlehntem, im Gebiet des Strafvollzugs gebräuchlichen Vokabular. Als Aufgabe der Heimerziehung wird auf der ersten Seite die „Resozialisierung" der Kinder und Jugendlichen genannt, ihre „Reintegration in die Gesellschaft".[44] Als Maßstäbe für das Gelingen dieser Eingliederung werden die traditionellen Kriterien der Verwahrlostenforschung und der Schwererziehbarenpädagogik der 1950er-Jahre wiederholt: „regelmäßige Arbeit", „geregelte Familienverhältnisse" und „das Ausbleiben zukünftiger Straftaten".[45] Als Ursache, welche die Kinder und Jugendlichen daran hindert, diese Ziele zu erreichen, wird ihre verhaltensseitige „Fehlanpassung"[46] genannt. Daran nun war alles neu: Die aus den USA stammende und im Modell rezipierte Verhaltenstheorie(wissenschaft)[47] verzichtet auf jede Vorstellung von Persona-

---

43 Das Soll-Modell, eine Art Entwicklungsplan zur Reorganisation der beiden Landesheime, gibt über die realisierte veränderte Praxis naturgemäß keine Auskunft. Diese kann nur mithilfe weiterer Quellen rekonstruiert werden. Verwaltungs- und Bauakten sowie Kontrollamtsberichte zeigen, dass sich parallel, nicht unbedingt infolge, aber mitunter mit Rekurs auf das Soll-Modell in allen Heimen Tirols (auch in denen in konfessioneller Trägerschaft) die Belegzahlen reduzierten (in den Landeserziehungsheimen von über 100 auf ca. 50–60 Bewohner*innen), bauliche Veränderungen eingeleitet und – in dem einen Heim (Kleinvolderberg) früher, dem anderen (St. Martin) später – im Zeitraum zwischen 1971 und 1977 auch umgesetzt wurden (etwa Umbau der Schlafsäle zu Mehrbettzimmern, ergänzt durch Gruppenräume sowie fallweise auch durch Teeküchen (etwa in Kleinvolderberg), die Gruppengrößen von ursprünglich 16 Jugendlichen pro Stockwerk ebendort auf später zehn bis fallweise acht pro Gruppe verkleinert wurden. Zugleich nahmen insbesondere gegen Ende der 1970er-Jahre die Berichte zu, welche die ungenügende Reform und den Erhalt der darüber kaum gewandelten Landeserziehungsheime vehement kritisierten. Zu Geschichte und Entwicklung der beiden Landesheime vgl. Ralser et al., Heimkindheiten, 666–667, 794–795.
44 Elisabeth Ardelt/Meinrad Perrez/Hans Reinecker, Soll-Modell zur Reorganisation der Heime Kleinvolderberg und St. Martin-Schwaz (Unveröffentlichtes Manuskript), 1974, 1.
45 Ebd., 4.
46 Ebd., 1.
47 Es wird im Soll-Modell insgesamt kaum auf Literatur verwiesen. Offenkundig aber ist, insbesondere in den Abschnitten zum Erzieherverhalten und zur Gruppenstruktur, die Aus-

lität (das Individuum in seiner ihm spezifischen Eigenart wird von dieser als der Beobachtung entzogene Black Box konzeptualisiert), damit auch auf die bislang in der Jugendwohlfahrt weithin Geltung beanspruchende Auffassung einer milieugeschuldeten devianten Persönlichkeit oder gar einer erbbiologisch konzipierten Sozialpathologie.[48]

Die Verhaltenstheorie hypostasierte demgegenüber die Erlernbarkeit und Verlernbarkeit von Verhalten. Sie ist darin absolut pragmatisch. Die Bewertung des Verhaltens unterliegt ausschließlich ihrer „Zielgerechtigkeit"[49]. Und bei dieser ortete das Forschungsteam einigen Adaptionsbedarf. Nicht mehr Unterwürfigkeit, sondern selbstständiges und selbstverantwortliches Verhalten sind gefragt. Als günstige Bedingung dafür solle das Heim als mikrosoziales Modell – gleichsam als Abbild der gesellschaftlichen Anforderungen – im Sinne einer modellhaften Lernumgebung unter „Laborbedingungen" gedacht werden. Dies schien dem Forscher*innenteam auch unter unwesentlich veränderten Heimstrukturen denkbar: Eines der beiden Heime, das Mädchenheim St. Martin, wurde bis in die 1980er-Jahre weitgehend geschlossen geführt. Die in der Gesellschaft anerkannten sekundären Verstärker sozialkonformen Verhaltens (wie etwa Lohn, Lob etc.) sollten im Heim „simuliert"[50] und als Verstärkerlernen durch beständige kleinere Belohnungen (respektive durch deren Ausbleiben) institutionalisiert werden. Die Aufgabe der Erzieher*innen sollte es sein, als „positive Sozialisatoren"[51] das Modelllernen auf Dauer zu garantieren und die „Gruppe"[52] schließlich sollte alles weitere an sozialer Verhaltenskontrolle übernehmen (z. B. wechselseitige Introspektion, Regelanerkennung, Trieb- und Konfliktregulation, Rolleneinübung, Kooperationslernen etc.), was die intentionalen Verhaltenstechnologien des (nach kognitiven Lerngesetzmäßigkeiten zu konzipierenden) Heimalltags nicht bewirken konnten. Schließlich sei diese Trias (die Gruppe als Erzieher, der Erzieher als Modell und das Heim als Verstärkerraum) noch durch die Entwicklung zöglingsspezifischer, individueller „Ver-

---

richtung an der Verhaltenstheorie (etwa am Werk von Burrhus Frederic Skinner, Wissenschaft und menschliches Verhalten. Science and Human Behavior, München 1973), am Modelllernen (dargelegt in Albert Bandura/ Richard H. Walters, Social Learning and Personality Development, New York 1963) sowie an den diversen Formen des Verstärkerlernens und seinen erziehungspsychologischen Verarbeitungen (etwa anhand der zitierten Arbeit von Reinhard Tausch/Annemarie Tausch, Erziehungspsychologie. Psychologische Prozesse in Erziehung und Unterricht, Göttingen 1971).

48 Letztere waren insbesondere in der als österreichisches Spezifikum geltenden, kinderpsychiatrisch informierten und medikal orientierten Heilpädagogik allgegenwärtig. Für die Tiroler Heimlandschaft: Dietrich-Daum et al. (Hg.), Psychiatrisierte Kindheiten.
49 Ardelt et. al., Soll-Modell, 2,47.
50 Ebd., 47.
51 Ebd., 29.
52 Ebd., 6–17.

stärkerpläne"⁵³ zu ergänzen. Diese führten im Kontext einer bloß unwesentlich gewandelten Jugendwohlfahrt allerdings zu mitunter paradoxem Verwaltungshandeln, wie etwa zu penibel geführten Sternchenbelohnsystemen für Mädchen und einem Kreuzchensystem für Buben.⁵⁴ Als Rubriken der Bewährung firmierten bei den Mädchen Benehmen, Gehorsam und Hygiene, bei den Buben Ordnung, Pünktlichkeit und Sauberkeit. Am deutlichsten allerdings brach das traditionelle System Erziehungsheim bei den eigentlichen Belohnungen durch. Als positiver Verstärker galt regelmäßig das, was das Erziehungsheim den Jugendlichen vorab entzogen hatte: eine besondere Freizeitbeschäftigung, die Auszahlung des Taschengelds, die Rückgewinnung der Bewegungsfreiheit durch verlängerten Ausgang oder – als weitreichendste „Auszeichnung" – das erlaubte Fernbleiben über Nacht. Von den Jugendlichen selbst wurde das unter den gegebenen Bedingungen zur Umsetzung gelangende Verstärkerlernen wiederholt als „Kindergartenmethode" bezeichnet.⁵⁵

Wenn sich das Soll-Modell hinsichtlich der Theoriebezüge auch vielschichtiger, als bisher dargelegt, präsentierte, so bildeten Verhaltenstheorie und -modifikation doch die zentralen Referenzen. Zusammengefasst verfolgte das Soll-Modell implizit, jedoch bemerkenswert konsequent eine spezifische „Theorie des Wandels" und damit verbunden der sozialen Kontrolle des (Wandlungs-)Prozesses und der ihm unterzogenen Personen, der Erzieher*innen ebenso wie der Heimbewohner*innen. Veränderung im Sinne der Studie bedeutete Veränderung des Verhaltens, welche in der wirklichen Wirklichkeit (Gesellschaft) genauso wie in der Modellwirklichkeit (Heim) durch Verstärkerlernen bewirkt wird. Die „Pädagogik des Wandels" war das Training. Das betraf die Jugendlichen ebenso wie die Erzieher*innen: Letztere sollten in wiederholten Trainings nicht nur traditionelles Erzieher*innenverhalten verlernen, sondern auch zu neuen Expert*innen der erwünschten Verhaltenstechnologie werden.⁵⁶

---

53 Ebd., 3.
54 Die diesbezüglichen Informationen sind mehreren überlieferten Dokumenten entnommen. Es handelt sich dabei um das „Arbeitspunktesystem" und das „Sternchenbelohnsystem". Sie sind vermutlich als Anhang der Regelsammlung „Beschlüsse und Vereinbarungen der Erzieherbesprechung in der Zeit von 13.6.1975–6.9.1976" entstanden. Bestand Madersbacher am Institut für Erziehungswissenschaft der Universität Innsbruck (vgl. dazu auch das Faksimile in Ralser et al., Heimkindheiten, 801.
55 In der Fernsehdokumentation „Problemkinder" (Teleobjektiv), 41:37, ORF, 16.9.1980, äußert sich eine der Jugendlichen aus St. Martin zum Belohnungssystem folgendermaßen: „Die beurteilen uns mit Sternchen. Und, wenn brav bist, darfst den Nachtfilm anschauen, sonst darfst ihn nicht anschauen. Danke und mei, nett, dass da ein Safterl kriegst, hast dann am liebsten sagen müssen. Das hat ihnen dann gefallen, und wenn es nicht getan hast, dann bist halt bei den Erzieherinnen unten durch gewesen."
56 Die Erziehertrainings wurden bereits während der Erstellung der Studie von den Studienverfasser*innen abgehalten. Die Trainings erwiesen sich auch als etwas Bleibendes. Über

3.3 Die Gruppe als neue Organisationsform und als Raummodell des Wandels

Als Organisationsform des (individuellen) Wandels der Jugendlichen visionierte die Studie die Gruppe (respektive die Gruppenstruktur des Heims), mit der Familie als ihrem Lernvorbild. Die Gruppe wurde wie das Heim selbst als Verstärkerraum und Simulakrum gesehen: als Abbild und Vorbild gleichermaßen. Eine „intakte Familie" als die beste Umgebung für Heranwachsende, um angemessenes Sozialverhalten zu erlernen, könne „das Heim nicht bieten",[57] deshalb sei als Lernumgebung auf die zweitbeste Sozialform zurückzugreifen, auf die Gruppe. Sie sei der Familie zwar nicht verwandt, aber doch ähnlich und könne – als Erziehungsmittel eingesetzt – eine vergleichbare Wirkung entfalten. Ähnlich wie die weiter oben erwähnte Verhaltenstheorie tritt nun, wenn auch wenig spezifisch, die Gruppendynamik als Referenztheorie hinzu, und es werden die Eigengesetzmäßigkeiten der Gruppe als für die Verhaltensmodifikation der Jugendlichen förderlich herausgestellt.[58] Die herausgehobene Stellung, welche die Gruppe im Soll-Modell einnimmt – sie wird über elf Seiten hinweg verhandelt –, mag auf den ersten Blick verwundern. Auf den zweiten Blick ergeben sich dafür aber gleich mehrere Anhaltspunkte: Zum einen vermochte die Gruppe als Gegenentwurf zur Masse den Abstand des neuen Modells zur Massenedukation – einem wesentlichen Kennzeichen der Anstaltspädagogik – anzuzeigen.[59] Zum anderen ermöglichte es ihr unbelasteter Charakter, sie als Kompromissformel in den zeitgenössisch kontrovers geführten Aushandlungen um geeignete Unterbringungsformen in der Kinder- und Jugendhilfe zu positionieren: als Gruppenprinzip in einem ansonsten wenig gewandelten Erziehungsheim wie im untersuchten Fall, als Wohngruppe im Heimverbund oder – schon umstrittener – als sozialpädagogische Wohngemeinschaft, unabhängig vom Heim – in zentraler Stadtlage.[60] Die Autor*innen des Soll-Modells konnten sich der Zustimmung zum vorgeschlagenen Gruppenprinzip vonseiten der Politik und Verwaltung, aber auch der Heimleitungen vergleichsweise sicher sein. Schließlich bestätige und verstärkte der Vorschlag, was in den Heimen bereits vonstattenging oder unmittelbar bevorstand. Hinzu kommt die Attraktivität, die das Konzept der

---

mehrere Jahre sollten Absolvent*innen und Doktorand*innen der Universität Salzburg diese anbieten.
57 Ardelt et. al., Soll-Modell, 4–5.
58 Ebd., 5.
59 Ebd., 18.
60 Dazu auch der Beitrag Griesser/Fink in dieser Ausgabe.

Gruppe in den 1970ern insgesamt erlangte: als epistemisches Objekt der Soziologie wie als Lebens- und politische Organisationsform im Alltag.[61]

Die Gruppe als Lösungsvorschlag im Soll-Modell profitierte vom Zeitgeist, obwohl sie mit diesem wenig zu tun hatte. Ohne den Begriff explizit zu verwenden, kommt der Gruppe im Soll-Modell eine spezifische Funktion der Sozialkontrolle zu, da sie wörtlich als ausgezeichnetes „Realisationsfeld"[62] der Verhaltensregulation antizipiert wird: Einerseits gelinge die Beeinflussung der Jugendlichen durch den Erzieher oder die Erzieherin in der (Klein-)Gruppe und unter Zuhilfenahme gruppendynamischer Kenntnisse besser,[63] weil in diesem Setting physische Anwesenheit und emotionale Erreichbarkeit zuverlässiger gegeben seien.[64] Andererseits übernehme die Gruppe durch ihre Eigengesetzlichkeiten selbst sozialregulatorische Aufgaben und habe schon allein deshalb als „Basiseinheit des Heims"[65] zu gelten. Das Soll-Modell blieb, was strukturelle Veränderungen der Heimerziehung anlangt, ansonsten recht vage, hier aber wurden die Autor*innen konkret: Die Gruppe sei als materielles Arrangement des Erziehungsheims zu etablieren, sie benötige zu ihrer Entfaltung eine sozial beständige und räumlich erkennbare Gestalt – mithin auch eine bauliche Struktur als Gruppentrakt oder Heimwohngruppe mit höchstens zehn, besser weniger Jugendlichen. In dieser Forderung wussten sich die Autor*innen zur Mitte der 1970er-Jahre bereits mit den Heimleitungen, Erzieher*innen und der Sozialverwaltung weitgehend einig. Die Gruppe lässt sich im Soll-Modell deshalb auch nicht nur als anvisierte Organisationsform des Wandels, sondern ebenso als neuer, das Erziehungsheim herausfordernder und es zugleich bestätigender Erziehungsraum[66] identifizieren.

Wie gezeigt, gewann die Gruppe in der Modellstudie zur Reorganisation der Landesheime eine zentrale Rolle, aber auch eine sehr spezifische Gestalt: als verräumlichtes Realisationsfeld des auf Verstärkerlernen fußenden und auf Verhaltensmodifikation der Jugendlichen setzenden Erziehungsstils und als mit spezifischen Eigengesetzlichkeiten ausgestatte Instanz zur wechselseitigen Regulierung des erwünschten Sozialverhaltens der Gruppenmitglieder. Die Gruppe wird – ähnlich wie zuvor das Lernen und Verlernen von Verhalten – als Erziehungsmittel aufgefasst und mit dem Versprechen aufgeladen, eine neue (mildere) Form der sozialen Kontrolle in der Heimerziehung zu etablieren. Der so konzipierte heiminterne „Gruppenraum" kann dabei als spezifische Bearbei-

---

61 Hanna Engelmann/David Engelmann/Timo Luks, Epistemologie der Gruppe, in: Mittelweg36. Zeitschrift des Hamburger Instituts für Sozialforschung (2019/2020) 6/1, 3–43.
62 Ardelt et. al., Soll-Modell, 2.
63 Ebd., 38.
64 Ebd., 10.
65 Ebd., 2.
66 Carola Groppe, Erziehungsräume, in: Zeitschrift für Erziehungswissenschaft 16 (2013), 59–74, 61.

tungsform des sich reformierenden Anstaltsraums besehen werden. Die Krise der Heimerziehung in den 1970er-Jahren ließ weniger vom Erziehungsheim unabhängige Räume bzw. Einrichtungen entstehen, sondern brachte mehrheitlich Misch- und Hybridformen hervor, die die soziale Ordnung des Heims zugleich reproduzieren und verändern. Der heiminterne Erziehungsraum „Gruppe" war eine solche Mischform. Sie übernimmt – zumindest in der Konzeption der Modellstudie – vom Erziehungsraum des Heims bzw. der Anstalt die soziale Kontrollfunktion und organisiert sie in einer neuen pädagogischen Raumfigur. Die soziale Kontrolle erscheint nun nicht mehr als dem Erziehungsheim innewohnend und von der Kontrollinstanz Erzieher*in auf das Kontrollobjekt Zögling ausgeübt, sondern als Fähigkeit der Gruppe einerseits und als Befähigung ihrer Mitglieder andererseits.[67]

Es dürfte hiermit deutlich geworden sein, dass eine der Diskursstrategien des Soll-Modells darin bestand, für alte Überzeugungen neue, auch neue theoretische Anschlussstellen zu finden: die Verhaltenstheorie und in geringerem Umfang die Gruppendynamik. Das mag mit der Theorievorliebe des ersten und zweiten Studienleiters (Perrez und Roth) zu tun gehabt haben, die beide eine empirisch anwendungsbezogene Psychologie vertraten (Perrez als Verhaltens- und Roth als Experimentalpsychologe) und mithin auch der Studienautor*innen, findet darin aber sicher keine letzte Begründung. Beide Theorieimporte wurden im Soll-Modell letztlich so konstelliert, dass sie die alte soziale Ordnung des Erziehungsheims bestätigten oder diese sogar intensivierten, jedoch mit modernisierten, der Zeit angepassten Entwicklungszielen für die Jugendlichen und Verhalten steuernden Lernmethoden für die Erzieher*innen. Auch kommunikationsstrategisch ist ein ähnlicher Vorgang zu beobachten: Alles, was einen unüberbrückbaren Widerspruch hätte erzeugen können, wurde versöhnt. Die beiden stets als Gegensätze begriffenen Alternativen Familie bzw. Heim wurden etwa in der Kompromissformel der „Gruppe als Erzieher" aufgelöst, die Exklusivität und Lebensferne des (geschlossenen) Erziehungsraums Heim in die Vorstellung eines Lernlabor verwandelt. Und schließlich – auch das ist bezeichnend für die Modellstudie – waren die in ihr erhobenen Forderungen eines Strukturwandels der Heimerziehung (etwa Belohnung statt Bestrafung, bauliche Adaption und Umsetzung des Gruppenprinzips, Erziehertrainings und Ausbau vorbeugender Maßnahmen) nirgends weitreichender als Politik und Sozialverwaltung schon zu gehen bereit waren.

---

67 Peter Franz, Soziale Kontrolle ohne Kontrolleure? Veränderungen der Formel und des Konzepts sozialer Kontrolle, in: Soziale Probleme 6 (1996), 3–23.

IV. Schluss

Das Soll-Modell bildete laut des eingesehenen Schriftguts für die Reforminitiativen des Sozialressorts im Amt der Tiroler Landesregierung einen wichtigen Bezugspunkt, vor allem machte es die Perspektive auf den Wandel im Feld der Jugendfürsorge, das lange als reformresistent galt, sprechbar. Es stellte ein Wissen bereit, das einerseits neu und zugleich anschlussfähig war. Es legte Reformvorschläge vor, die als sozialpolitisch realisierbar antizipiert wurden. Das Soll-Modell ermöglichte damit, den politisch Verantwortlichen und den Sozialverwaltungen, den Wandel zu regieren. Gleichzeitig geschah weit weniger an Veränderungen, als in der Aufbruchsphase zu Beginn der 1970er-Jahre erwartbar schien.[68] Zu diesem Schluss kommt retrospektiv auch ein Vertreter des ehemaligen Forschungsteams.[69] Dem Ziel des Forschungsauftrags folgend suchten die Studienautor*innen ein Erziehungsmodell zu entwickeln, das unter den gegebenen Bedingungen praktikabel war. Weder für die Auftraggeber*innen noch die Forscher*innen stand die Institution Erziehungsheim zur Disposition. Vielmehr sollte das Erziehungsheim in eine neue Zeit geführt werden.

---

68 1980 schrieb die aktivistische Initiativgruppe „AG-Heimerziehung" einen Brief an Salchers Nachfolger. Sie kritisieren darin, dass in den Landeserziehungsheimen alles beim Alten sei (etwa beeinspruchen sie vehement die Weiterexistenz von Arresträumen) und nehmen dabei Bezug auf die Ausführungen des Soll-Modells, dessen wesentliche Grundsätze unbeachtet geblieben seien. Bestand Madersbacher am Institut für Erziehungswissenschaft der Universität Innsbruck.

69 Interview mit Studienautor II, geführt von Sophie Schubert, 2022, Aufnahme bei der Autorin. Er sagt auf die Veränderungswirkung der Studie angesprochen: „Ich denke, man muss da sehr bescheiden sein, vielleicht ein Mosaiksteinchen […], wenn wir – ich verwende da oft den Begriff des Anstoßes – also wenn wir im Sinne eines Dominosteins einen Anstoß haben geben können […]" 01:40:55.

Daniela Hörler

„Heimleiterehepaare". Fortdauernde Geschlechter- und Familienbilder in den Räumen der Kinderheime von 1970 bis 1990

I. Einleitung

Stationäre Einrichtungen für schulpflichtige, staatlich befürsorgte Kinder galten in der Schweiz bis weit ins 20. Jahrhundert hinein als „Familienersatz". Als Orientierung diente in der Regel ein „konservatives patriarchales Familien- und Geschlechtermodell".[1] Auch in der hier untersuchten Zeit von 1970 bis 1990, als die Neue Frauenbewegung die geschlechterspezifische Arbeitsteilung lautstark kritisierte,[2] wurde im Heimwesen auf Familienideale oder die Idee der sogenannten Familienähnlichkeit verwiesen. In der Stadt Zürich, deren Heime im vorliegenden Beitrag untersucht werden, lässt sich das exemplarisch daran zeigen, dass den Einrichtungen für schulpflichtige Kinder in der Regel „Heimleiterehepaare" vorstanden. Obwohl beide Eheleute im öffentlichen Raum des Heims tätig waren, wurden ihnen geschlechterspezifische Tätigkeiten und damit verbunden der Raum innerhalb respektive außerhalb des Heims zugewiesen. Wollten die Frauen außerhalb des Kinderheims arbeiten, zeigte man sich in der Stadtverwaltung skeptisch. Die damit angestrebte Familienähnlichkeit blieb während der hier untersuchten Zeit das dominante Erziehungsmodell. Zeigen lässt sich das auch anhand einer Aussage der Vorsteherin des städtischen Sozialamts aus dem Jahr 1980, als innerhalb der Verwaltung die Möglichkeit der

---

1 Yves Collaud/Mirjam Janett, Familie im Fokus. Heimerziehung in der Schweiz im 20. Jahrhundert, in: Gisela Hauss/Thomas Gabriel/Martin Lengwiler (Hg.), Fremdplatziert. Heimerziehung in der Schweiz, 1940–1990, Zürich 2018, 195–217, 214–213; auch Mirjam Janett, Machtraum Heim. Raumkonzepte und Subjektivierungsstrategien im Bürgerlichen Waisenhaus Basel (1928–1945), in: Ulrich Leitner (Hg.), Corpus Intra Muros. Eine Kulturgeschichte räumlich gebildeter Körper, Bielefeld 2017, 393–418, 394; Kevin Heiniger/Vanessa Bignasca, Internierungsorte im 19. und 20. Jahrhundert, in: Loretta Seglias/Kevin Heiniger/Vanessa Bignasca/Mirjam Häsler Kristmann/Alix Heiniger/Deborah Morat/Noemi Dissler (Hg.), Alltag unter Zwang. Zwischen Anstaltsinternierung und Entlassung (Veröffentlichung der unabhängigen Expertenkommission (UEK) Administrative Versorgung), Zürich 2019, 43–109, 67.
2 Kristina Schulz, Neue Frauenbewegung in Europa: ein Überblick, in: Schweizerische Zeitschrift für Geschichte 57 (2007) 3, 336–352, 351–352.

Einstellung von ledigen Paaren diskutiert wurde: „Sollen wir beginnen, unverheiratete Paare zu engagieren? Sind das Vorbilder für die Kinder? […] Wollen wir etwas beginnen, was unter Umständen einmal alle Dämme brechen kann?"[3] Diese Fragen sind bemerkenswert, denn das Zusammenleben heterosexueller Paare ohne Trauschein war in Zürich seit 1972 legal.[4] So gesehen waren die Dämme in der Gesellschaft bereits gebrochen. Anders in den städtischen Einrichtungen, wo gemäß herkömmlicher Regelung nur verheiratete Paare auf dem Heimareal wohnen durften. „Heimleiterehepaare" sollten, wie der Name sagt, verheiratet sein und so den Kindern im Heim als „Vorbilder" dienen.

Im vorliegenden Beitrag interessiert, inwiefern die gesellschaftlichen Veränderungen der 1970er- und 1980er-Jahre mit ihren Auswirkungen auf Familien- und Geschlechterbilder die Struktur der städtischen Kinderheime beeinflussten. Die Heime gerieten in der Folge der 1968er-Bewegung und während der 1980er-Jugendbewegung vermehrt in die Kritik, Reformen wurden angestoßen. Betrafen diese Neuerungen auch die geschlechterspezifische Aufgabenteilung des Personals? Diese Frage wird aus einer raumsoziologischen[5] und geschlechterkritischen Perspektive gestellt. Es wird davon ausgegangen, dass durch die Verwobenheit der sozial und relational hergestellten Dimensionen Raum und Geschlecht sich verändernde Vorstellungen von Geschlecht auch räumlich zeigen.[6] Das ist in Kinderheimen zu erwarten, da Veränderungen in der Heimerziehung in der Regel mit Umstrukturierungen der Räume sowie mit sich wandelnden räumlichen Praktiken verknüpft sind. Diese wiederum sind, den raumtheoretischen Überlegungen des Philosophen Henri Lefebvre folgend,[7] geprägt von Ideen, Bildern und Symbolen, die für Veränderungen oder den Widerstand gegen Neues wichtig sind. Sie können rückwärtsgewandt sein, wie die geschlechter-

---

3 Protokoll der Sitzung der Heimkommission des Jugendamtes vom 29.2.1980, 2. Stadtarchiv Zürich (SAZ), V.J.c.214.:1.4.1.
4 Georg Kreis, Zusammenleben, auch ohne Trauschein und Polizeikontrolle, NZZ, 9.10.2023, URL: https://www.nzz.ch/schweiz/zusammenleben-auch-ohne-trauschein-und-polizeikontrolle-ld.1759637 (abgerufen 20.2.2025).
5 Henri Lefebvre, The Production of Space, Malden/Oxford/Victoria 1991; Christian Schmid, Stadt, Raum und Gesellschaft. Henri Lefebvre und die Theorie der Produktion des Raumes (Sozialgeographische Bibliothek 1), München 2005, 85; auch Martina Löw, Raumsoziologie, Frankfurt am Main 2001; Martina Löw/Gabriele Sturm, Raumsoziologie, in: Fabian Kessl/Christian Reutlinger/Susanne Maurer/Oliver Frey (Hg.), Handbuch Sozialraum, Wiesbaden 2005, 31–48.
6 Doris Wastl-Walter, Gender Geographien. Geschlecht und Raum als soziale Konstruktionen, Stuttgart 2010, 13; Aenne Gottschalk/Susanne Kersten/Felix Krämer, Doing Space while Doing Gender: Eine Einleitung, in: Aenne Gottschalk/Susanne Kersten/Felix Krämer (Hg.), Doing Space while Doing Gender. Vernetzungen von Raum und Geschlecht in Forschung und Politik (Veröffentlichung des DFG-Graduiertenkollegs 1599 der Universitäten Göttingen und Kassel), Bielefeld 2018, 7–42, 8.
7 Lefebvre, Production, 32–41.

spezifische Arbeitsteilung, oder vorwärtsdrängen, wie die von der Neuen Frauenbewegung getragenen Geschlechterbilder. Im Feld der Kinder- und Jugendhilfe spielten Vorstellungen von tradierten Geschlechterzuschreibungen eine wichtige Rolle,[8] die vergeschlechtlichten Erwartungen an die „Heimleiterehepaare", die sich auf ein bürgerliches Familienideal bezogen, sind ein Beispiel dafür. Im Folgenden wird also danach gefragt, welche Wechselwirkung zwischen sich verändernden Geschlechterbildern jener Zeit und der Herstellung von Räumen in der Heimerziehung bestand. Damit stellt sich zugleich die Frage, ob die bereits bestehenden Räume eine Veränderung der Geschlechterordnung – hier mit Blick auf die Leitungsebene der Heime – ermöglichten bzw. verhinderten.

Im Folgenden wird zunächst eine Einordnung in den historischen Kontext der Kinderheime in der Schweiz vorgenommen mit einem Fokus auf die Bedeutung von Familienbildern. Darauf folgt die Beschreibung der hier untersuchten Heimlandschaft der Stadt Zürich und der Aktenlage sowie eine Einordnung der städtischen Einrichtungen für schulpflichtige Kinder. Die anschließende Analyse der Diskussionen in der Verwaltung und Aufsicht rund um die Erwartungen an Heimleitungen, wird im letzten Kapitel mit einem von Lefebvre inspirierten Raumverständnis geschlechterkritisch reflektiert.

II. Die Tradition des bürgerlichen Familienideals in Kinderheimen

Die Vorbildfunktion des Ehepaars an der Spitze des Kinderheims lässt sich in die lange Tradition der Heimerziehung einordnen, in welcher das Heim als „Ersatzfamilie" verstanden wurde. Bereits 1837 wurden in Hamburg im Rauhen Haus „familienanaloge Erziehungsmethoden" eingesetzt.[9] Für die Schweiz kann die Historikerin Mirjam Janett in ihrer Untersuchung zum Waisenhaus der Stadt Basel zeigen, dass „Waisenhausvater" Hugo Bein 1929 ein so bezeichnetes „Familiensystem" einführte; eine räumliche und pädagogische Organisation der Kinder in mehreren kleinen Gruppen.[10] In Anlehnung an ein Ideal von Familie, das von der Autorin als „bürgerlich-patriarchal" bezeichnet wird, war der „Waisenvater" zusammen mit seiner Ehefrau für die sogenannte „Familienerziehung" im Waisenhaus verantwortlich.[11] Im Kern ging es dabei um „die Vermittlung von bürgerlichen Normen und Wertvorstellungen".[12] Eine vergleich-

---

8 Dazu u.a. Jeanette Windheuser, Geschlecht und Heimerziehung. Eine erziehungswissenschaftliche und feministische Dekonstruktion (1900 bis heute), Bielefeld 2018.
9 Janett, Machtraum, 394.
10 Ebd.
11 Ebd., 408.
12 Ebd.

bare, in patriarchalen Familienvorstellungen gründende „geschlechterspezifische Erziehung" können Yves Collaud und Mirjam Janett in Heimen in der Schweiz „bis weit in die 1960er-Jahre hinein" nachweisen.[13] Sie stellen für die von ihnen untersuchten Einrichtungen verschiedene „Familienmodelle" fest, die praktiziert wurden; einmal stand der „Waisenvater" den einzelnen Gruppenleitenden vor, im anderen Modell leitete ein Ehepaar ein „Wohnheim", in der dritten Einrichtung gab es mehrere Pavillons, die je von Ehepaaren geführt wurden und im vierten Fall verstanden sich die Ordensschwestern, welche das Heim leiteten, als „Familienersatz".[14] Inwiefern sich diese Befunde allenfalls auf weitere Einrichtungen für Kinder übertragen lassen, muss künftige Forschung zeigen.[15]

Wie Mattias Grundmann und Angela Wernberger ausführen, gehört zum „Bild der bürgerlichen Kleinfamilie" die „lebenslange Ehe zwischen Mann und Frau", aus der gemeinsame Kinder hervorgehen.[16] Dieses Familienmodell, der Soziologe Rüdiger Peuckert nennt es die „Normalfamilie",[17] ist verbunden mit geschlechterspezifischen Arbeitsbereichen und Aufgabenteilung. Obwohl das Modell nur für sehr kurze Zeit – Rosmarie Nave-Herz spricht für Westeuropa von „Anfang der 1960er bis Mitte der 1970er-Jahre"[18] – in der Gesellschaft als dominante Familienform tatsächlich gelebt wurde, gilt es seit dem 19. Jahrhundert als Ideal, das bis heute nachhallt. Die Erziehungswissenschaftlerin Meike Sophia Baader stellt jedoch fest, dass die „tradierten Muster von Familie mit ihren jeweiligen Rollen, Funktionen, Rechten und Zuschreibungen" Ende der 1960er-Jahre „zunehmend brüchiger" wurden.[19] Die Frauen wurden vermehrt in den

---

13 Collaud/Janett, Familie, 213.
14 Ebd.
15 Heime für Kinder wurden in der Schweiz bisher nicht umfassend erforscht. Ausnahmen sind u. a.: Ursula Hochuli Freund, Heimerziehung von Mädchen im Blickfeld. Untersuchung zur geschlechtshomogenen und geschlechtergemischten Heimerziehung im 19. und 20. Jahrhundert in der deutschsprachigen Schweiz, Frankfurt a. M. 1999; Markus Ries/Valentin Beck, Hinter Mauern. Fürsorge und Gewalt in kirchlich geführten Erziehungsanstalten im Kanton Luzern, Zürich 2013; Christine Luchsinger, „Niemandskinder". Erziehung in den Heimen der Stiftung Gott hilft 1916–2016, Chur 2016; Clara Bombach/Thomas Gabriel/Samuel Keller/Nadja Ramsauer/Alessandra Staiger Marx (Hg.), Zusammen alleine. Alltag in Winterthurer Kinder- und Jugendheimen 1950–1990, Zürich 2017.
16 Mattias Grundmann/Angela Wernberger, Familie und Sozialisation, in: Paul B. Hill/Johannes Kopp (Hg.), Handbuch Familiensoziologie, Wiesbaden 2015, 413–435, 418.
17 Rüdiger Peuckert, Familienformen im sozialen Wandel, Wiesbaden 2012, 17.
18 Hier und im Folgenden: Rosmarie Nave-Herz, Eine sozialhistorische Betrachtung der Entstehung und Verbreitung des Bürgerlichen Familienideals in Deutschland, in: Dorothea Krüger/Holger Herma/Anja Schierbaum (Hg.), Familie(n) heute. Entwicklungen, Kontroversen, Prognosen, Weinheim 2013, 18–35, 29–30.
19 Meike Sophia Baader, Die reflexive Kindheit, in: Meike S. Baader/Florian Esser/Wolfgang Schröer (Hg.), Kindheiten in der Moderne. Eine Geschichte der Sorge, Frankfurt/New York 2014, 414–455, 415.

Arbeitsmarkt integriert. Die Pille, die seit den frühen 1960er-Jahren auf dem Markt war, löste den Zusammenhang von Sexualität und Nachkommenschaft auf und hatte einen Geburtenrückgang zur Folge.[20] Parallel dazu stieg die Scheidungsrate, die rechtliche Lage der (Ehe-)Frauen wurde durch Familienrechtsreformen sukzessive verbessert und das Leben im Konkubinat[21] wurde in Zürich, wie bereits erwähnt, anfangs der 1970er-Jahre entkriminalisiert. Mit Blick auf diese gesellschaftlichen Umbrüche wird die Frage, die in diesem Beitrag gestellt wird, zur Frage nach der Ungleichzeitigkeit von Veränderungen. Blieb das seit Beginn der 1960er-Jahre dominante Ideal der bürgerlichen Kleinfamilie, in dem die räumlichen Sphären und Aufgaben zwischen den Geschlechtern klar aufgeteilt waren und der Ehemann als Haupt der Familie galt, im Heim auch dann noch bestehen, als der gesellschaftliche Wandel nicht mehr zu übersehen war? Oder wurden die (Familien-)Modelle im Heim an neue Lebensformen angepasst, die mit den gesellschaftlichen Veränderungen jener Zeit – Stichworte Scheidungsrate und Konkubinat – sichtbar wurden? Es stellt sich also die Frage, inwiefern sich die im Kontext der Neuen Frauenbewegung[22] geäusserte feministische Kritik an der Geschlechterordnung in die Konzepte der Kinderheime und die (räumliche) Praxis übersetzte. Dabei ist gemäss Historikerin Karin Hausen eine radikale Quellenkritik notwendig, indem die historischen Quellen als „Teilstücke der [...] kommunikativen Konstruktion von Geschlechts-Wirklichkeiten entschlüsselt und dekonstruiert werden".[23]

III. Das Sozialamt der Stadt Zürich und seine Akten

Als Untersuchungsfeld für das geschilderte Erkenntnisinteresse wurde die Stadt Zürich gewählt. Die Stadt galt im 20. Jahrhundert als politisch links geprägt; die Sozialpolitik für die hier untersuchte Zeit lässt sich als pragmatisch charakterisieren. Das Sozialamt, das rund zwei Dutzend Kinder- und Jugendheime verwaltete, wurde von einer sozialdemokratischen Stadträtin geleitet, die im Konsens mit den bürgerlichen Kräften des Stadtrats die Heimlandschaft prägte.[24] Als

---

20 Ebd., 419–423. Für die Schweiz vgl. etwa Elisabeth Joris/Heidi Witzig (Hg.), Frauengeschichte(n). Dokumente aus zwei Jahrhunderten zur Situation der Frauen in der Schweiz, Zürich 1987.
21 Der Begriff wurde damals in der Schweiz für das Zusammenleben unverheirateter heterosexueller Paare verwendet. Kreis, Zusammenleben.
22 Schulz, Frauenbewegung, 351–352.
23 Karin Hausen (Hg.), Geschlechtergeschichte als Gesellschaftsgeschichte (Veröffentlichung der Kritische[n] Studien zur Geschichtswissenschaft 202), Göttingen/Oakville 2012, 378.
24 Dazu ausführlicher Daniela Hörler/Kevin Heiniger/Gisela Hauss, Erziehungsräume in Zürich, in: Mechthild Bereswil u. a. (Hg.), Reformdynamiken in der Heimerziehung 1970 bis

einer der schweizweit größten Träger von stationären Einrichtungen bot die Stadt zunächst rund 850 Plätze für Kinder und Jugendliche, die bis Ende der 1980er-Jahre um gut 300 Plätze reduziert wurden.[25] Der mit Abstand größte Teil der in Heimen untergebrachten Kinder – Mitte der 1980er-Jahre waren es drei Viertel – waren im schulpflichtigen Alter. Da die Stadt Zürich als „Grossträger" galt, wollte man sich in Verwaltung und Politik als „tonangebender Qualitätsförderer' profilieren".[26] Mit diesem Anspruch, die Heimerziehung hinsichtlich ihrer Qualität zu verbessern, eignet sich die Stadt Zürich als Untersuchungsfeld für die Frage nach Transformationsprozessen.[27] Für die Forschungsfrage von Interesse sind, abgesehen von den Konzepten einzelner Heime, die im Stadtrat, in Verwaltung und Aufsicht geführten Diskussionen zu den stationären Einrichtungen. Diskutiert wurden einerseits strategisch-ökonomische Belange, die den Betrieb ebenso wie Schließungen, Neueröffnungen oder Wiedereröffnungen von Heimen betrafen. Andererseits wurden auch Themen der operativen Ebene, wie beispielsweise konzeptionelle Überlegungen, Personalfragen oder eingesetzte Erziehungsmittel, besprochen. Dokumentiert wurden die Verhandlungen in den Akten des für die Heime zuständigen Sozialamts der Stadt Zürich, die im Stadtarchiv Zürich (SAZ) im Bestand zum Amt für Kinder- und Jugendheime archiviert sind. Die Erhebung und Analyse der Quellen folgten den Grundsätzen der Grounded-Theory-Methodologie,[28] ergänzt durch inhaltsanalytische Arbeitsschritte zur Systematisierung des Materials. Da der Quellenkorpus aus Verwaltungsakten besteht, gilt zu bedenken, dass hiermit nur eine spezifische Ebene der untersuchten Heimlandschaft in den Blick genommen werden kann. Dokumentiert sind die Stimmen aus Politik, Verwaltung und Aufsicht, also

---

1990. Fallstudien aus Deutschland, Österreich und der Schweiz, Weinheim/München im Druck.

25 Stadt Zürich Geschäftsbericht des Stadtrates 1970–1990. SAZ, V.B.b.43.:1.; Leitbild 1985/90 für die städtischen Kinder- und Jugendheime, Kurzfassung, 6, hg. v. Sozialamt der Stadt Zürich 30. 7. 1986. SAZ, V.J.c.214.:1.2.3.3.

26 Leitbild 1985/90, Band I 1985, 37, hg. v. Fachstelle für Heimerziehung. SAZ, V.J.c.214.:1.2.3.3.

27 Dieselbe Frage steht im Zentrum des Lead Agency Projekts „Die Aushandlung von Erziehungsräumen in der Heimerziehung 1970–1990. Ein interdisziplinärer Vergleich von Wohlfahrtsregionen in Deutschland, Österreich und der Schweiz", geleitet von Michaela Ralser, Flavia Guerrini, Ulrich Leitner (A), Mechthild Bereswill (D) und Gisela Hauss (CH) (URL: https://www.changing-educational-spaces.net). Das Projekt wurde im Rahmen des Lead Agency Programms gefördert, das Schweizer Teilprojekt vom Schweizer Nationalfonds (SNF) (Nr. 100019E_197049, Laufzeit Sept. 2021 bis Februar 2025). Der vorliegende Beitrag ist im Teilprojekt zur Schweiz entstanden, das auf die Heimlandschaft der Stadt Zürich fokussiert. Leitung des Schweizer Projektes Gisela Hauss, wissenschaftliche Mitarbeiter*innen: Daniela Hörler und Kevin Heiniger. Für hilfreiche Anmerkungen bedanke ich mich bei Michaela Ralser und Gisela Hauss, den Herausgeber*innen des Hefts sowie den beiden anonymen Gutachter*innen.

28 U. a. Juliet Corbin/Anselm Strauss, Basics of Qualitative Research 3e, Los Angeles/London/New Delhi/Singapore 2008.

diejenigen, welche die Heime einrichteten, verwalteten und kontrollierten. Innerhalb dieses Verwaltungsdiskurses kommen teilweise auch die Heimleitenden zur Sprache, wenn etwa Sitzungen protokolliert oder Jahresberichte und Korrespondenzen abgelegt wurden. Diejenigen, die im Heim arbeiteten und im Heim lebten – das weitere Heimpersonal und die Kinder – sowie die Angehörigen der Betroffenen, hinterließen dagegen kaum Spuren in den Akten. Die hier untersuchten Dokumente sind demnach als Teil der Verwaltungsbürokratie zu verstehen, mit welcher die Heimlandschaft koordiniert und gestaltet wurde.

Da die Akten vorwiegend aus dem Sozialamt der Stadt Zürich stammen, erscheint eine Skizze seiner Verwaltungsstruktur zweckdienlich. Das Amt wurde von einer gewählten Stadträtin geleitet und war in verschiedene Dienstabteilungen gegliedert, wie die für Heime zuständigen Jugendämter[29] und das 1982 gegründete Amt für Kinder- und Jugendheime. Zur Aufsicht über die rund zwei Dutzend stationären Einrichtungen bestand die vom Stadtrat einberufene Heimkommission, die sich aus zehn ehrenamtlichen Mitgliedern zusammensetzte. Diese Kommission tagte mit Vertretenden aus der Verwaltung und unter dem Vorsitz der Stadträtin mehrmals im Jahr, um aktuelle Themen zu den Heimen zu besprechen und Entscheide im Stadtrat vorzubereiten – Beispiele hierfür sind Bauvorhaben, Personalfragen oder betriebliche Beschlüsse. Die Kommissionsmitglieder, die regelmäßig die Heime besuchten, diskutierten mit dem Verwaltungspersonal unter anderem die Kriterien für die Einstellung von Leitungspersonen und die Erwartungen an das Heimpersonal. Diese Diskussionen wurden in den Sitzungsprotokollen – in den 1970er-Jahren ausführlich und detailliert, in den 1980er-Jahren stichwortartig – auf über vierhundert Seiten festgehalten. Die Protokolle, die jeweils von einer Verwaltungsvertretung verfasst wurden, sind Teil des hier untersuchten Aktenbestands und geben einen Einblick in die Aushandlungsprozesse auf Verwaltungsebene zu konzeptionellen, baulichen oder pädagogischen Fragen in Bezug auf die städtischen Heime. Ergänzend wurden die jährlich erschienenen und öffentlich zugänglichen Geschäftsberichte des Stadtrats für die Untersuchung berücksichtigt. Die weiteren archivalischen Dokumente, die für die Analyse herangezogen wurden, umfassen konzeptionelle Papiere und Beschriebe zu den einzelnen Einrichtungen und Korrespondenzen, die sowohl verwaltungsintern kursierten als auch an Fachkräfte, zuweisende Stellen oder allenfalls Eltern gerichtet waren. Sie ergänzen den Blick in Aushandlungsprozesse und geben, aus der Perspektive der Verwaltung bzw. diese adressierend, zusätzlich Einsicht in die Praxis der jeweiligen Einrichtungen.

---

29 Vor 1982 waren die meisten Heime für Kinder dem Jugendamt I unterstellt.

IV. Familienmodelle in den städtischen Kinderheimen ab 1970

Im Fokus der vorliegenden Untersuchung stehen Einrichtungen, die den Großteil der städtischen Plätze für schulpflichtige Kinder zur Verfügung stellten. Diese Heime hatten heterogene Konzepte und Strukturen. Rund die Hälfte der Plätze gab es in den acht sogenannten „Schulheimen",[30] die in ländlichen Gebieten angesiedelt waren und größtenteils langfristige Plätze boten.[31] Sechs weitere Einrichtungen waren für gemischte Altersgruppen (von Kleinkindern bis zu schulentlassenen Jugendlichen) konzipiert und lagen in der Stadt.[32] Abgesehen davon gab es noch zwei Spezialeinrichtungen für kurzfristige Aufenthalte.[33]

Auffällig ist, dass alle diese Einrichtungen in der Regel von Ehepaaren geleitet wurden. Einzig in den altersgemischten Einrichtungen konnten auch Frauen oder Männer allein an der Spitze des Heims stehen. In den konzeptionellen Papieren der verschiedenen Einrichtungen finden sich zudem vereinzelt Referenzen auf Familienähnlichkeit oder auf ein Familienideal. So wurden beispielsweise in den frühen 1970er-Jahren in mehreren Schulheimen bauliche Anpassungen vorgenommen, um das sogenannte Gruppensystem einzuführen.[34] Vom Aufteilen der Kinder in kleinere Gruppen, die meist von zwei Erziehenden betreut wurden, versprach man sich, dass das Kind in „familienähnlichen Wohngemeinschaft[en] heranwachsen"[35] kann und so „den Alltag und seine Pflichten in geordneten Verhältnissen kennen[lernt]".[36] Auch in einem Heim mit altersgemischtem Konzept wurde in den 1980er-Jahren ein „Familiengruppensystem" eingeführt, weitere Referenzen auf Familienähnlichkeit fehlen aller-

---

30 U. a. Leitbild 1985/90, Kurzfassung, 6. SAZ, V.J.c.214.:1.2.3.3. Vier dieser Heime waren ehemalige „Erholungsheime" in voralpinen und alpinen Gebieten – ursprünglich konzipiert für Erholungsaufenthalte kranker oder tuberkulosegefährdeter Kinder. Die Erholungsheime wurden bis zur Umstrukturierung, in einem Fall bis zur Schließung, ausschließlich von Frauen geleitet. Dazu ausführlicher Hörler/Heiniger/Hauss, Erziehungsräume.
31 Zwei der Heime wurden zwischen 1982 und 1986 wegen Unterbelegung geschlossen. Geschäftsbericht 1982, 390. SAZ, V.B.b.43.:1.124.; Geschäftsbericht 1985, 432. SAZ, V.B.b.43.:1.127. Ein weiteres Heim für Primarschulkinder war dem Schulamt unterstellt und wurde aus dem Sample ausgeschlossen.
32 Eines der Heime wurde Ende der 1970er-Jahre geschlossen und 1981 für Jugendliche, die die Oberstufe besuchten, neu eröffnet.
33 Eines war ein Durchgangsheim für schulpflichtige Kinder und das andere ein Heim für Kinder und Jugendliche mit geistiger Behinderung, für Aufenthalte zur Entlastung der Eltern. Vgl. Konzeption für die Kinder- und Jugendheime des Sozialamtes. Vorstand des Sozialamtes der Stadt Zürich 1976, 91. SAZ, V.J.c.214.:1.2.1.
34 Geschäftsbericht 1973, 294–296. SAZ, V.B.b.43.:1.115.; Geschäftsbericht 1974, 305. SAZ, V.B.b.43.:1.116.
35 Konzeption, Vorstand 1976, 67. SAZ, V.J.c.214.:1.2.1.
36 Konzeption, Vorstand 1976, 65. SAZ, V.J.c.214.:1.2.1.

dings.³⁷ Als Ausgangspunkt dieser als fortschrittlich geltenden Neukonzipierungen der Räume der Kinderheime diente die Idee des „Familienähnlichen". Diese Idee verweist auf ein bestimmtes Familienideal, das als Symbol für ein gewünschtes Aufwachsen in „geordneten Verhältnissen" gelesen werden kann. Hier wird deutlich, dass Heimkonzepte mit Idealen verbunden waren, die in Wechselwirkung standen mit dem gebauten Raum sowie dessen Nutzung im Alltag.³⁸

Mit Blick auf Familienähnlichkeit in der Heimerziehung soll an dieser Stelle ein kurzer Exkurs hinsichtlich in jener Zeit neu eingeführter Betreuungskonzepte innerhalb einzelner, hier untersuchter Einrichtungen unternommen werden. Diese Unterbringungsformen sind für die vorliegende Analyse einerseits als Kontextwissen interessant, andererseits stehen sie im Kontrast zur noch dominanten Form des etablierten Kinderheims, die im Fokus dieses Beitrags steht. Die neuen Konzepte bezogen sich jeweils ausdrücklich auf die Idee einer heilpädagogischen Großfamilie oder einer kleineren Pflegefamilie³⁹ und waren organisatorisch an eine bestehende Einrichtung angebunden. Joseph Martin Niederberger und Doris Bühler-Niederberger nennen diese in ihrer Systematisierung von Unterbringungsformen „quasi-familiale Heimabteilung[en]".⁴⁰ Die erste quasi-familiale Heimabteilung einer stadtzürcherischen Einrichtung war eine „Aussenwohngruppe", die von einem der Waisenhäuser 1975 initiiert wurde. In einem Einfamilienhaus außerhalb des Heimareals wohnte ein Ehepaar mit fünf zu betreuenden Kindern.⁴¹ Drei Jahre später folgte die Gründung einer zweiten Außenwohngruppe.⁴² In Anlehnung an dieses Konzept wurden Mitte der 1980er-Jahre in Pavillons einer größeren Einrichtung zwei „sozialpädagogische Pflegefamilien" eingerichtet.⁴³ Weiter zog eine ähnliche Pflegefamilie Ende der 1980er-Jahre in ein Gebäude auf dem Areal eines Schulheims ein.⁴⁴ Angegliedert an dasselbe Heim wurden zudem zwei weitere Kinder „in der Familie einer ehemaligen Erzieherin und eines Mitarbeiters [...] in einer familiären Atmosphäre betreut". Inwiefern dieses Arrangement Teil des Konzepts war oder eher ein bilateral entstandenes Konstrukt auf Zeit, lässt sich aus den vorliegenden Akten nicht erschließen. Neben diesen an bestehende Heime angegliederten

---

37 Stationäre Einrichtungen des Amtes für Kinder- und Jugendheime. Interne Dokumentation 1.11.1983, 14–16. SAZ, V.J.c.214.:1.8.3.
38 Lefebvre, Production, 32–41.
39 Gemeint ist, dass die Kinder von einem Ehepaar, das allenfalls eigene Kinder hatte, im eigenen Wohnraum betreut wurden.
40 Josef Martin Niederberger/Doris Bühler-Niederberger, Formenvielfalt in der Fremderziehung. Zwischen Anlehnung und Konstruktion, Stuttgart 1988.
41 Konzeption, Vorstand 1976, 55. SAZ, V.J.c.214.:1.2.1.
42 Geschäftsbericht 1978, 307. SAZ, V.B.b.43.:1.120.
43 Das neue Nutzungskonzept n.d., 2. SAZ, V.J.c.214.:1.4.1.
44 Geschäftsbericht 1988, 494. SAZ, V.B.b.43.:1.130.

Pflegefamilien gab es zudem mindestens eine von öffentlichen Geldern unterstützte heilpädagogische Großfamilie, die unabhängig von städtischen Institutionen von einem Ehepaar geführt wurde.[45] Im Unterschied zur Idee der Familienähnlichkeit im Heim, wurden die neuen Unterbringungsformen in räumlicher Distanz zu den stationären Einrichtungen geplant. Diese Distanz und Abgeschiedenheit von der „Außenwelt" betont die Privatheit der quasi-familialen Heimabteilung, was sie von der Idee her näher an die bürgerliche Familie und weiter weg von der Organisation Heim rückt.[46]

Ein Ziel der quasi-familialen Heimabteilungen städtischer Einrichtungen war es denn auch, nämlich möglichst „Familienverhältnisse" zu schaffen.[47] In den Richtlinien zu den Außenwohngruppen (AWG) von 1978 war beispielsweise vorgesehen, dass das verheiratete Paar gemeinsam „Erziehungsarbeit" leistet, „wobei die Hauptarbeit in der Regel bei der AWG-Mutter liegt, da der AWG-Vater genau gleich wie in einer natürlichen Familie einer Erwerbstätigkeit nachgeht". Das Ehepaar erhielt zusammen „einen Erzieherlohn gemäss Heimreglement" und musste zudem für „Kost und Logis für sich und ihre Kinder eine im Einvernehmen mit dem Personalamt festzulegende Entschädigung" bezahlen.[48] Auch in der sozialpädagogischen Pflegefamilie der 1980er-Jahre sollte, wenn möglich, einer der Eheleute „wie in einer Normalfamilie berufstätig" sein.[49] Die Konzepte der in jener Zeit neu gegründeten quasi-familialen Heimabteilungen orientierten sich damit an einem spezifischen Familienideal, das nicht mehr die gesellschaftliche Realität wiederspiegelte. Was in den Quellen als „Normalfamilie" bezeichnet wird, weicht jedoch leicht von dem ab, was in der Literatur – bezogen auf die damalige Zeit – darunter verstanden wird.[50] Die Akten aus den 1980er-Jahren zeigen, dass in der „Normalfamilie" statt dem Ehemann nun auch die Ehefrau einer außerhäuslichen Arbeit nachgehen konnte. Dies kann als Indiz dafür gelesen werden, dass das dominante Familienmodell sich veränderte, respektive von neuen Familienbildern abgelöst wurde.

Ein Ehepaar – mit sozialpädagogischer Ausbildung – sorgte also in den quasi-familialen Heimabteilungen rund um die Uhr für die Kinder. Dies im Unterschied zu den einzelnen Gruppen im Heim, auch Wohngruppen oder Erziehungsgruppen genannt, die in der Regel von einem Team von Erziehenden im Schichtbetrieb betreut wurden. Somit lassen sich drei verschiedene Ebenen unterscheiden: Erstens die Leitungsebene von städtischen Einrichtungen für

---

45 Protokoll Heimkommission vom 24.6.1980, 11. SAZ, V.J.c.214.:1.4.1.
46 Peuckert, Familienformen, 14.
47 Richtlinien betreffend Betrieb und Führung von Aussenwohngruppen (AWG). Waisenhauspflege der Stadt Zürich 14.2.1978, 1. SAZ, V.J.c.214.:2.44.6.
48 Richtlinien. Waisenhauspflege 1978, 3. SAZ, V.J.c.214.:2.44.6.
49 Nutzungskonzept n.d., 2. SAZ, V.J.c.214.:1.4.1.
50 Grundmann/Wernberger, Familie, 418; Peuckert, Familienformen, 17.

schulpflichtige Kinder, die bis auf wenige Ausnahmen mit Ehepaaren besetzt war. Die zweite Ebene betrifft die Betreuung einzelner Gruppen innerhalb der Heime, die von einem Team von Erziehenden übernommen wurde. Drittens gab es dem jeweiligen Heim organisatorisch angeschlossene, aber in sich unabhängig funktionierende Pflegefamilien, die aufgrund des Konzepts von Ehepaaren geleitet wurden. In Bezug auf diese dritte Ebene wird eine Verknüpfung von Familienidealen mit dem Geschlecht der Pflegeeltern deutlich. Das heterosexuelle verheiratete Paar galt etwa dann als geeignet für die Aufgabe, wenn der Mann – im Beispiel aus den 1980er-Jahren konnte es auch die Frau sein – einer außerhäuslichen Erwerbstätigkeit nachging. Im Folgenden steht jedoch die erste Ebene im Fokus: die Heimleitungsstellen in städtischen Einrichtungen für schulpflichtige Kinder.

V. Vergeschlechtlichte Erwartungen an Heimleitungen und räumliche Implikationen

Ein Wechsel auf der Leitungsebene von Kinderheimen wurde häufig dazu genutzt, konzeptionelle Anpassungen auf den Weg zu bringen. In diesem Zusammenhang wurde in der Verwaltung und Aufsicht beraten, was von den neuen Heimleitenden zu erwarten wäre. Überliefert sind diese Erwartungen beispielsweise in den Protokollen der Heimkommissionssitzungen oder in den Stellenausschreibungen für Leitungspositionen.

5.1 „Mitarbeit der Ehefrau erwünscht, aber nicht Bedingung"

Gemäß einer offiziellen Ausschreibung Anfang der 1970er-Jahre für die Leitung einer großen altersgemischten Einrichtung war „für die Gesamtleitung die Stelle des/der Heimleiters/Heimleiterin zu besetzen" und die „Mitarbeit der Ehefrau oder des Ehemannes möglich, aber nicht Bedingung".[51] Laut dem Chef des zuständigen Jugendamts war für die Leitung „jemand wirklich Ueberragender" gesucht, der „sowohl in pädagogischer als auch psychologischer Hinsicht bestens ausgewiesen sei".[52] Angestellt wurde schließlich ein Ehepaar[53] oder anders gesagt, ein Heimleiter mit seiner Ehefrau. Der Mann war aus der Sicht der Verwaltung der Ansprechpartner, er galt als Heimleiter. Von der Ehefrau erwartete man

---

51 Fachblatt für schweizerisches Heim- und Anstaltswesen 42 (1971), 9, 394.
52 Protokoll Heimkommission vom 14.12.1971, 9. SAZ, V.J.c.214.:1.4.1.
53 Z.B. Auszug aus dem Protokoll des Stadtrates von Zürich vom 9.1.1980, 2. SAZ, V.J.c.214.:2.37.2.1.

lediglich, dass sie ihren Mann bei der Arbeit unterstützte.⁵⁴ Während also für die Leitung der altersgemischten Einrichtung eine Einzelperson gesucht wurde und die „Mitarbeit" des Partners oder der Partnerin nicht zwingend war, suchte die Stadtverwaltung für die Leitungsstellen in den Schulheimen ausdrücklich Ehepaare. In einer Stellenausschreibung von 1977 war beispielsweise ein „Heimleiter-Ehepaar" gesucht, in einer anderen ein „Heimleiterehepaar, allenfalls Heimleiter oder Heimleiterin".⁵⁵ Ähnlich lautete es in einer Ausschreibung von 1984, in der hinsichtlich der Aufgabe der „Leitung des Heimes" in Klammer präzisiert wurde: „Mitarbeit der Ehefrau erwünscht, aber nicht Bedingung".⁵⁶ Die umgekehrte Variante, dass die Frau das Heim leiten und ihr Mann dabei helfen könnte, war im Beispiel der Stellenausschreibung für die altersgemischte Einrichtung zumindest denkbar, wenn es auch in der Praxis so nicht umgesetzt wurde. In Bezug auf die Leitungsstellen in den Schulheimen war dagegen klar, wenn ein Ehepaar die Leitung übernimmt, ist der Mann der Heimleiter und seine Ehefrau diejenige, die im Heim mitarbeitet. Die Übernahme einer Leitungsstelle in einem Heim für schulpflichtige Kinder durch eine Frau war offensichtlich nur dann vorgesehen, wenn sie unverheiratet, verwitwet oder, wie in einem dokumentierten Fall, geschieden war.⁵⁷ Die Stellenbeschreibungen lassen darauf schließen, dass in der altersgemischten Einrichtung der frühen 1970er-Jahre hinsichtlich der Geschlechterordnung eine neue Verteilung von Aufgaben und Zuständigkeiten zumindest als Möglichkeit angelegt war. Demgegenüber zeigt sich für die Leitungsstellen in den Schulheimen eine Beharrung der herkömmlichen Sphärentrennung in je verschiedene Räumlichkeiten der stationären Einrichtungen zwischen dem leitenden Mann und der Frau, die mithalf. Diese vergeschlechtlichte Raumordnung wurde, um es mit Lefebvre zu sagen, von denjenigen geplant, die an der Macht sind.⁵⁸ Die von der Stadtverwaltung vorgesehene Arbeitsteilung bzw. die „Mitarbeit der Ehefrau" soll im Folgenden genauer beleuchtet werden.

5.2 „[E]in zuverlässiger Heimleiter [...], den seine Frau gut unterstützen werde"

Aus den Sitzungsprotokollen der Heimkommission wird ersichtlich, dass bei der Einstellung von Ehepaaren die Paare gemeinsam bewertet wurden. Während der Ehemann bezüglich seiner Führungsgrundsätze und pädagogischen Konzepten

---

54 Protokoll Heimkommission vom 14. 12. 1971, 15. SAZ, V.J.c.214.:1.4.1.
55 Schweizerische Lehrerzeitung 122 (1977) 43, 1500–1503.
56 Schweizer Heimwesen: Fachblatt VSA 55 (1984) 2, 18.
57 Protokoll Heimkommission vom 20. 6. 1972, 6. SAZ, V.J.c.214.:1.4.1.
58 Lefebvre, Production, 49.

eingeschätzt wurde, galt für Frauen die Bereitschaft zur Übernahme von Aufgaben im Haushalt als Kriterium.[59] Zudem wurde wie bereits erwähnt erwartet, dass sie ihre Männer bei der Arbeit unterstützten.[60] Aussagen wie „sie würde vor allem für ihren Mann bereit sein, auch am Abend, mittragen helfen" oder sie wolle „sich vor allem dem Heimhaushalt annehmen, die Menüpläne ausarbeiten und auch Bastelkurse durchführen",[61] nahm die Verwaltung und die Heimkommission positiv auf. Als Unterstützungsleistung für den Heimleiter wurde auch die „Mitwirkung in der Führung" des Heims und der „Gäste- und Elternempfang" genannt.[62] Die Frauen arbeiteten somit den Erwartungen entsprechend im Bereich der Haushaltswirtschaft und unterstützten ihre Männer. Welche konkreten Tätigkeiten diese Unterstützungsleistungen beinhalteten, wurde offengelassen. Vom „mittragen helfen" zum „Bastelkurs", über den „Gäste- und Elternempfang" bis hin zur „Mitwirkung in der Führung", die Äußerungen lassen vermuten, dass die Frauen eine breite Palette an Arbeiten erledigten. Die räumliche Praxis im Heimalltag wurde demnach durch die vorgesehene geschlechterspezifische Aufgaben- und Sphärenteilung vorstrukturiert.[63] Dies ging einher mit der Reproduktion von spezifischen Geschlechterbildern, was zur Stabilisierung der vorherrschenden Geschlechterordnung beitrug und diese als vermeintlich „natürlich" erscheinen ließ.[64]

Am Beispiel eines Schulheims lässt sich die Aufgabenteilung zwischen den Eheleuten in der Praxis genauer aufzeigen. Vom Chef des zuständigen Jugendamts wurde der Ehemann als „zuverlässiger Heimleiter" eingeschätzt, „den seine Frau gut unterstützen werde".[65] In den Akten des betreffenden Schulheims findet sich ein Stellenplan von 1974, auf dem die Frau des Heimleiters als „Hausbeamtin" aufgelistet ist.[66] Sie beaufsichtigte das Personal der Küche, der Wäscherei und die übrigen Hausangestellten. Die Stelle der Hausbeamtin entsprach dem Viertel einer Vollzeitstelle. Die Teilzeitarbeit der Ehefrau lässt sich mit der Betreuung eigener Kinder erklären, so wurde die Anstellung zwölf Jahre später auf 70 Prozent erhöht.[67] Welche zusätzlichen Aufgaben sie konkret übernehmen konnte, lässt sich aufgrund der Aktenlage nicht nachvollziehen. Aus den Dokumenten geht jedoch hervor, dass der Ehemann von der Verwaltung als Leiter des Heims wahrgenommen wurde. Einzelne Dokumente unterschrieb das Ehe-

---

59 Protokoll Heimkommission vom 24.6.1980, 6. SAZ, V.J.c.214.:1.4.1.
60 Etwa Protokoll Heimkommission vom 14.12.1971, 15; 17.3.1978, 3. SAZ, V.J.c.214.:1.4.1.
61 Protokoll Heimkommission vom 14.12.1971, 16; 20. SAZ, V.J.c.214.:1.4.1.
62 Protokoll Heimkommission vom 14.12.1971, 14. SAZ, V.J.c.214.:1.4.1.
63 Zur räumlichen Praxis vgl. Lefebvre, Production, 38.
64 Hausen, Geschlechtergeschichte, 388.
65 Protokoll Heimkommission vom 28.3.1972, 15–16. SAZ, V.J.c.214.:1.4.1.
66 Kinderheim der Stadt Zürich. Stellenplan 21.1.1974. SAZ, V.J.c.214.:2.10.1.1.
67 Aktennotiz Schülerheim. Besuch im AKJ vom 27.12.1985. SAZ, V.J.c.214.:2.10.1.1.

paar zwar gemeinsam, in der Regel behielt sich der Heimleiter die Unterschrift aber selbst vor.[68] Er war Ansprechperson für die Behörden und reiste allein nach Zürich, um an den „Heimleitersitzungen" teilzunehmen.[69] Kurz gesagt, er repräsentierte das Heim nach außen, während seine Frau dem Haushalt innerhalb des Heims vorstand. Das „Heimleiterehepaar" des hier untersuchten Schulheims steht also exemplarisch dafür, wie in der Alltagspraxis die geschlechterspezifische Aufgabenteilung mit jeweiligen Zuständigkeitsbereichen – Haushaltsorganisation vs. Gesamtleitung des Heims – reproduziert wurde. Die weiblich konnotierte Praxis im Innern steht dabei den männlich konnotierten Leitungsaufgaben und der Repräsentation nach außen gegenüber. So wurde durch die Praxis des Ehepaars, mit ihren je unterschiedlichen Tätigkeiten, ein Raum – das Schulheim – hergestellt, der sowohl innerhalb als auch von außen als kohärent wahrgenommen werden konnte und im Einklang mit den gängigen Geschlechterzuschreibungen stand.[70]

5.3 Die „Bewertung von Männer- und Frauenarbeit"

Im Heimalltag wurde diese Aufteilung in zwei Sphären nicht immer eingehalten, was als Hinweis darauf gelesen werden kann, dass die „normativen Vorstellungen" von Geschlecht manchmal nicht praxistauglich waren.[71] Beispielsweise wurde in der Heimkommission darüber berichtet, dass der Heimleiter eines Schulheims „die Heimleitung in den letzten Jahren weitgehend seiner Frau übertragen habe, da er sehr viel unterrichten musste, weil zeitweilig kein zweiter Lehrer dort war".[72] Der Heimleiter selbst ließ ausrichten, „man wisse ‚im Amt' zu wenig, dass die Heime mit der Tätigkeit der Frauen der Heimleiter ‚ständen und fielen'".[73] In eine ähnliche Richtung geht die Aussage eines Mitglieds der Heimkommission, das sich in Bezug auf ein anderes Schulheim wunderte, „weshalb für das Heimleiter-Ehepaar nur 1 Planstelle eingesetzt ist. Meines Erachtens steht die Frau des Heimleiters sicher auch fast voll in den Aufgaben des Heimes".[74] Damit verbunden war ein Streitpunkt, der wiederholt zur Sprache kam: die Entlohnung der Ehepaare. Im Vergleich zu Leitenden, die als Einzelpersonen angestellt waren, wurden Ehepaare schlechter bezahlt, da sie als Paar besoldet wurden. Bereits Anfang der 1970er-Jahre häufte sich die Kritik an dieser

---

68 Organisatorisches 1945–1986. SAZ, V.J.c.214.:2.10.1.1.
69 Protokolle der Heimleitersitzungen 1982–1990. SAZ, V.J.c.214.:1.5.1.
70 Lefebvre, Production, 33.
71 Hausen, Geschlechtergeschichte, 100.
72 Protokoll Heimkommission vom 11.12.1974, 5. SAZ, V.J.c.214.:1.4.1.
73 Protokoll Heimkommission vom 22.8.1974, 11. SAZ, V.J.c.214.:1.4.1.
74 Bericht über den Besuch des Heimes, 7.7.1982, Heimkommission. SAZ, V.J.c.214.:1.4.2.2.

Ungleichbehandlung. So wurden in der Heimkommission immer wieder Stimmen laut, die die schlechte Bezahlung der Ehepaare als ungleiche „Bewertung von Männer- und Frauenarbeit" kritisierten[75] und eine gerechte „Aufteilung der Löhne" zwischen den Eheleuten forderten.[76] In einem Fall hieß es, das Ehepaar verdiene nun „über 1000 Fr. pro Monat weniger" als zuvor. Vor der Übernahme der Heimleitungsstelle war der Mann als Heimlehrer angestellt und die Frau arbeitete im Stundenlohn im Heim, was deutlich besser vergütet wurde als eine Anstellung als Leitungsehepaar.[77] Eine Anpassung der Besoldungsordnung, die wiederholt von der Stadträtin angekündigt wurde, trat schließlich per 1. Januar 1986 in Kraft.[78] Fortan galt die „Trennung der Besoldung von Mann und Frau bei Heimleiter-Ehepaaren".[79]

Wie gezeigt werden konnte, war die pauschale Entlohnung der Ehepaare für die Stadt kostengünstiger als eine individuelle Anstellung von Einzelpersonen. Finanziell war das besonders für die Ehefrauen problematisch, die beispielsweise keine eigene Pensionsversicherung erhielten, was mit der neuen Besoldungsordnung ebenfalls korrigiert wurde. Vor dieser Änderung wurde im Sinne einer patriarchalen Geschlechterordnung von den Ehefrauen erwartet, sich für das Heim einzusetzen, auch wenn die zugesprochenen Stellenprozente knapp bemessen waren. Tat sie dies nicht, konnte die Frau, wie in einem Fall aus dem Jahr 1971, als „Versagerin" kritisiert werden, weil sie angeblich „mit der Leitung des Heimes überhaupt nichts zu tun haben" wollte und eine Erzieherin ihre Aufgaben erledigen musste.[80] Um welche Aufgaben es sich konkret handelte, wird in den Protokollen nicht ausgeführt.

5.4 Die Angst vor „unklare[n] Verhältnisse[n]"

Wie bereits eingangs erwähnt, empfahl die städtische Verwaltung und Aufsicht zur Besetzung von Leitungsstellen in Kinderheimen mehrheitlich Ehepaare. Zu jener Zeit lebten die Heimleitenden in der Regel im Heim, deshalb musste laut Behörden das Paar verheiratet sein. „Wenn die beiden nicht ihm Heim wohnen würden, wäre die Sache anders. Wenn wir hier ja sagen, können auch die Erzieher

---

75 Protokoll Heimkommission vom 28.3.1972, 16; auch 7.11.1975, 11; 29.2.1980, 2. SAZ, V.J.c.214.:1.4.1.
76 Protokoll Heimkommission vom 13.11.1979, 10. SAZ, V.J.c.214.:1.4.1.
77 Bericht über den Besuch des Heimes 9.1.1976, Chef Jugendamt I. SAZ, V.J.c.214.:1.4.2.2.
78 Auszug aus dem Protokoll des Stadtrates von Zürich vom 31.1.1990, 1. Stadtschreiber. SAZ, V.J.c.214.:2.4.1.1.
79 Entwurf. Auszug aus dem Protokoll des Stadtrates von Zürich vom 20.6.1984, 1. Adjunkt des Stadtschreibers. SAZ, V.J.c.214.:2.4.1.1.
80 Protokoll Heimkommission vom 17.6.1971, 8. SAZ, V.J.c.214.:1.4.1.

kommen", so die Vorsteherin des Sozialamts.[81] Angestellte, die außerhalb der Heime wohnten, was auch beim Heimpersonal zunehmend gängig war, konnten im Konkubinat leben. Wohnten sie dagegen auf dem Heimgelände, dann galten andere Regeln sowohl für das Erziehungspersonal als auch für die Leitung des Heims. Trotz der gesellschaftlichen Veränderungen wollte die Stadtverwaltung und Politik keine „unklare[n] Verhältnisse" im Heim.[82] Von den zuweisenden Behörden wurde gewarnt, „dass wegen solcher Dinge" ein Heim auf die „schwarze Liste" geraten könne, was für die betroffene Einrichtung einen Rückgang von Zuweisungen zur Folge gehabt hätte. Stattdessen wurde die Ehe als bedeutungsvoll für die Kinder und als „normale" Form des Zusammenlebens erklärt: „In unserer Gesellschaft hätte die Ehe im klassischen Sinn für unsere Kinder noch Bedeutung. Das kollektive Unterbewusste verweise auf normale Gemeinschaftsformen".[83]

Die hier angesprochene Bedeutungsebene lässt sich auch aus raumtheoretischer Perspektive betrachten. Bei Lefebvre beinhaltet die Planung eines Raums neben den materiellen Aspekten, wie z. B. Umbauten, auch ideelle Gesichtspunkte, also wofür der Raum stehen soll.[84] Die Repräsentation der „normalen Gemeinschaftsformen" durch die verheirateten Paare sollte, gemäß den städtischen Behörden, für geordnete Verhältnisse in den Kinderheimen sorgen. Dies war wichtig, um den zuweisenden Behörden und der Öffentlichkeit ein bestimmtes Bild des Heims zu vermitteln. Zugleich antizipierte die Stadtverwaltung einen positiven Effekt eines so gedachten Wohn- und Lebensraums auf die Kinder, welche im Heim die „Bedeutung" der „Ehe" im Alltag erleben sollten. Wie der Alltag von den Kindern tatsächlich erlebt wurde, muss aufgrund der hier untersuchten Quellenart offenbleiben.

Trotz kritischen Stimmen von Heimkommissionsmitgliedern, die beispielsweise eine „Heiratsforderung" für Heimleitungen als „Zumutung" verurteilten,[85] dominierten die Argumente der Notwendigkeit von verheirateten Paaren als „Vorbilder" für die Kinder im Sinne des Ideals der „Normalfamilie".[86] Die Diskussionen in der Verwaltung und im Aufsichtsgremium zeigen zudem, dass die Besetzung von Heimleitungsstellen als symbolische und strategische Handlung verstanden werden müssen. Das verheiratete Paar symbolisierte eine „normale Gemeinschaftsform", die angeblich von den zuweisenden Behörden so erwartet wurde. Das zuständige Verwaltungspersonal in diesem Punkt bei Laune zu hal-

---

81 Protokoll Heimkommission vom 29. 2. 1980, 2. SAZ, V.J.c.214.:1.4.1.
82 Protokoll Heimkommission vom 29. 2. 1980, 7. SAZ, V.J.c.214.:1.4.1.
83 Protokoll Heimkommission vom 29. 2. 1980, 3–4. SAZ, V.J.c.214.:1.4.1.
84 Lefebvre, Production, 38–39.
85 Protokoll Heimkommission vom 29. 2. 1980, 7. SAZ, V.J.c.214.:1.4.1.
86 Grundmann/Wernberger, Familie, 418.

ten, war bezüglich der Absicherung der Belegungszahlen ein strategischer Entscheid.

VI. Schlussbemerkungen

Abschließend lässt sich festhalten, dass aus Sicht der Stadtverwaltung und Politik mehrere Gründe vorlagen, Leitungspositionen in Kinderheimen mit Ehepaaren zu besetzen.[87] Es gab erstens strategische Gründe mit einem ökonomischen Hintergrund. Der Betrieb der Kinderheime war einerseits auf die Zuweisungen der zuständigen Behörden zur Belegung der vorhandenen Plätze angewiesen. Andererseits konnte die Stadt bis 1986 mit der Anstellung von Ehepaaren im Vergleich zu Einzelpersonen Mittel einsparen. Zweitens lässt sich die Persistenz von Ehepaaren in den Kinderheimen auch mit Blick auf die Heimerziehung vor 1970 als historisch gewachsene Kontinuität erklären. Die Tradition der „Heimleiterehepaare" wurde in den städtischen Einrichtungen in der hier untersuchten Zeit weitergeführt. Der dritte Grund lässt sich als repräsentativ bezeichnen. Mit der Orientierung am Ideal der bürgerlichen Kleinfamilie galt es im Kinderheim, „normale Gemeinschaftsformen" zu leben. Wie gezeigt werden konnte, ging es dabei nicht nur um die Vorbildfunktion den Kindern gegenüber. Das Heim sollte auch von außen als kohärenter Raum in „geordneten Verhältnissen" wahrgenommen werden, was an geschlechterspezifische Erwartungen an die Ehefrau und den Ehemann geknüpft war. Interessant ist jedoch, dass in den Konzepten der Kinderheime nur selten explizit auf Familienähnlichkeit verwiesen wurde. Darin unterschieden sie sich von den in jener Zeit neuen Betreuungsformen, die an bestehende stationäre Einrichtungen angegliederten Außenwohngruppen und Pflegefamilien (quasi-familiale Heimabteilungen). In deren Konzepten wird die „Normalfamilie" oder die „natürliche Familie" als Referenz explizit genannt und als geeignetes Setting zum Aufwachsen für Kinder bestimmt. Inwiefern sich diese Entwicklung in den Kontext der gesellschaftlichen Umbrüche und der Kritik am bürgerlichen Familienmodell einordnen lässt, muss vorerst offenbleiben.

Gezeigt werden kann, dass Familienbilder bzw. das Ideal der bürgerlichen Familie – das heterosexuelle verheiratete Paar mit Kindern – in der Heimerziehung für schulpflichtige Kinder wirkmächtige Konstrukte waren. Geknüpft an geschlechterspezifische Zuschreibungen und verbunden mit der Aufteilung in verschiedene Bereiche und Aufgaben, strukturierten sie die Räume der städti-

---

[87] In den 1980er-Jahren wurden neun der 16 untersuchten Einrichtungen von Ehepaaren geleitet, in drei weiteren Einrichtungen waren Heimleiter angestellt, deren Ehefrauen im Heim mitarbeiteten.

schen Kinderheime: Mit Blick auf die Leitungsebene in den hier untersuchten Einrichtungen zeigt sich dies in der alltäglichen Praxis des so geplanten und gelebten Raums – die Ehefrau kümmerte sich um den Haushalt und half im Heim mit, während der Mann das Heim leitete und es gegen außen vertrat. Der Raum des Kinderheims war somit in seiner Konzeption und Nutzung mit Bildern und Bedeutungen verknüpft, die nur langsam und verzögert die gesellschaftlichen Veränderungen der Geschlechterbilder aufnahmen.[88] Neben diesen Kontinuitäten gab es jedoch auch Widersprüche zwischen den auf der Ebene der Verwaltung konzipierten Modellen und einer Praxis, in der veränderte Vorstellungen von Geschlecht umgesetzt wurden. Auf der Ebene der Praxis finden sich vereinzelt von der bürgerlichen Familie abweichende Aufgabenteilungen zwischen den Geschlechtern, die vermutlich aus Aushandlungsprozessen zwischen den Eheleuten hervorgingen. Offenkundig existierten in der Heimerziehung gewisse Spielräume hinsichtlich der Geschlechtervorstellungen. Des Weiteren kann die Kritik aus der Heimkommission an der gemeinsamen Entlohnung von Ehepaaren, an der ungleichen Altersvorsorge und an der „Heiratsforderung" für Heimleitende als Spur der zeitgenössischen feministischen Kritik an der Geschlechterordnung gelesen werden. Die widersprüchlichen Diskurse und Konstellationen in der Gesellschaft in den 1970er- und 1980er-Jahren – die Orientierung am Ideal der bürgerlichen Familie einerseits, während andererseits davon abweichende Lebensformen gelebt und bestehende Geschlechterzuschreibungen bzw. Aufgabenteilungen infrage gestellt und neu ausgehandelt wurden[89] – spiegelte sich somit in den städtischen Diskussionen über die Heimerziehung für Kinder und in der Praxis der Heime wider. Veränderungen kündigten sich an, auch wenn die bürgerliche Familie in der Konzeption der Heime als Ideal dominant blieb. Dem Ehepaar kam somit in der gesamten hier untersuchten Zeit eine symbolische Bedeutung der Kontinuität zu, die sich als beharrendes Moment erweist. Die Besetzung der Leitungsstellen mit einem verheirateten Paar stand für klare Verhältnisse im Kinderheim. Das Heim für schulpflichtige Kinder sollte mit Blick auf die Belegungszahlen vor allem von den zuweisenden Behörden als beständig wahrgenommen werden. Dabei galt das Bild der „Normalfamilie" als normative Bezugsgröße für die räumliche Planung, die angestrebte Repräsentation nach außen und die gelebte Praxis innerhalb des Heims.

---

88 Lefebvre, Production, 32–41.
89 Grundmann/Wernberger, Familie, 419.

Abstracts

Crisis and Transformation of Residential Care in the 1970s and 1980s

Markus Griesser / Andreas Fink
Beyond the "Special Situation in Residential Youth Care Houses": The Role of Alternative Services in the Transformation of the Child and Youth Welfare System in Tyrol in the 1970s and 1980s

The institutionalised residential care house was the dominant form of residential care in the Tyrolean child and youth welfare system until the 1990s. In opposition to such institutions, alternative services were established from the 1970s onwards, developed by civil society initiatives in an interplay with progressive forces in politics and administration. Based on archive research and oral history interviews, this article analyses the alternative services and the associated discourses and examines their significance for the transformation of the child and youth welfare system in Tyrol in the 1970s and 1980s. Three approaches proved to be effective in the long term: socio-educational residential communities (residential groups in shared flats), a reformed foster family system, and non-residential youth care services. In the discourse of child and youth welfare the need for these alternative services was justified, among other things, by the "discovery" of the specificity of client groups. However, the continued existence of residential care houses as part of a differentiated range of services was also legitimised by this discourse.
Keywords: residential youth care, socio-educational residential communities, foster family systems, non-residential youth care services

Sabine Stange
Opening and closing spaces of possibility – decentralisation of a large residential care institution in Hesse in the 1970s

Due to widespread public criticism at the end of the 1960s, the residential childcare system in West-Germany got into a crisis. As a consequence, various changes and reforms were introduced during the 1970s. In this paper, the decentralisation process of a large residential care institution in Hesse is examined from a spatially sensitive perspective. The investigation is based on archived administrative documents and newspaper articles. It shows how in the planning process spaces of possibility and negotiation open up. However, these spaces close again during the implementation process. All in all, the examined decentralisation process is exemplary both for democratisation efforts and a spirit of optimism in the 1970s as well as for limitations of change through persistence and regulatory power of administrative logics and hierarchical conditions.
Keywords: decentralisation, spaces of negotiation, democratisation, residential care institutions, 1970s

Michaela Ralser
Aspects of an Epistemology of Change. Science-Friendly Reform Politics Trending in Early 1970s Tyrol: The Soll-Model and the Development of Residential Childcare Education

This article examines the role of scientific knowledge in the transformation of child and youth welfare in early 1970s Tyrol. It focuses on a case study of the brief but significant trend of science-friendly reform politics within the Tyrolean social department. The analysis centers on the *Soll-Model*, a 1974 study by the Salzburg Institute of Psychology, and its discourse strategies. The article argues that the model represents a typical, albeit regionally specific, instance of the coupling of science and politics during this period. Despite its promise, the actual changes to the institutional structure of residential childcare education were more limited than initially expected. Ultimately, the *Soll-Model* enabled political leaders and social administrators to govern change and lead the minimally transformed institutions into a new era.
Keywords: Epistemology of change, science-oriented reform politics, child and youth welfare, 1970s Tyrol, social politics and transformation

Daniela Hörler
Married Couples in Charge of Children's Homes. Persisting Images of Gender and Family in Residential Childcare Spaces from 1970 to 1990

In the history of residential care for school-age children in Switzerland, the image of the bourgeois family has a long tradition as a point of reference. Until now, little attention has been paid to the impact of social change on family and gender images in residential care. This article examines residential child care in the city of Zurich in the 1970s and 1980s, focusing on its administration and organization. The administration of homes staffed by married couples, "Heimleiterehepaare", is examined in particular from a spatial sociological and gender-critical perspective. The analysis reveals that the enduring ideal of the bourgeois family, whose gender images decisively shaped the spaces of the children's residential care homes. However, the everyday practice of the leading couples in the homes themselves could deviate from these ideals.
Keywords: residential child care, family ideals, gender order, spatial practice

Rezensionen

Georg Spitaler, Hilde Krones und die Generation der Vollendung. Eine Spurensuche, Wien: Mandelbaum Verlag 2024, 407 Seiten.

Georg Spitaler vom Verein für Geschichte der ArbeiterInnenbewegung (VGA) setzt sich mit der Geschichte der sozialistischen Politikerin Hilde Krones (1910–1948) nicht in Form einer klassischen Biografie auseinander, sondern sucht mittels forschenden Dialogs die Auseinandersetzung mit den aus dem Nachlass rekonstruierten politischen und persönlichen Gefühlen von Krones. In Anlehnung an Mark Fisher, der den von Jacques Derrida geprägten Begriff der Hauntologie verwendete, womit die Suche nach Elementen einer die Gegenwart gleichsam spukhaft heimsuchenden „verlorenen Zukunft" ausgedrückt wird, legt Spitaler verschüttete Hoffnungen emanzipatorischer Politik frei, die in den Trümmern der Geschichte begraben liegen.

Die Persönlichkeit von Hilde Krones war vom Roten Wien der Zwischenkriegszeit geprägt und zutiefst durchdrungen. In Ottakring als Hilde Handl in bescheidenen Verhältnissen aufgewachsen, war sie schon früh ein Teil der sozialdemokratischen Lebenswelt und deren vielfältigem kulturellem und politischem Organisationsgefüge geworden. Neben politischem Aktivismus wurden permanentes Bildungsstreben und berufliche Tüchtigkeit (in einem pharmazeutischen Konzern) zu bestimmenden Merkmalen ihres Charakters. 1933 lernte sie den Techniker Franz Krones kennen, mit dem sie in der Folge eine enge persönliche und politische Partnerschaft bei den Revolutionären Sozialisten und im Widerstand gegen Austrofaschismus und Nationalsozialismus eingehen sollte. Auch während der Jahre der Diktatur blieb das Rote Wien Bezugspunkt und emotionaler Sehnsuchtsort.

Anhand der Briefe und Tagebücher wertet Spitaler Krones als „sozialistische Feministin", für die materielle Unabhängigkeit für weibliche Selbstbestimmung und Gleichberechtigung unverzichtbar war.

In dem im VGA-Archiv aufbewahrten Nachlass standen Georg Spitaler allein 700 Briefe zur Verfügung, aus denen ausführlich zitiert wird und anhand derer er eine Art „Gefühlspädagogik" beschreibt. Auch nach 1934 führte die „Trauer um die vergangene Zukunft" nicht zum Verlust der Überzeugung, nach wie vor zu der von Otto Bauer apostrophierten „Generation der Vollendung" zu zählen, die die Überwindung des Kapitalismus und den Übergang zu einer sozialistischen Gesellschaft noch erleben würde. Eine nicht aufgegebene Hoffnung paarte sich vor allem während der Kriegsjahre mit Verzweiflung und Schmerz und dem Bestreben, persönliches Leid verstärkt in Anteilnahme für andere zu verwandeln. Den Begriff „Vollendung" verwendete Krones ebenso für ihr Konzept einer Liebesbeziehung, an die sie hohe Ansprüche stellte – eine Lebensgemeinschaft musste auch den Idealen einer politischen Partnerschaft entsprechen.

1942 wurde Franz Krones zur Organisation Todt einberufen. Die Korrespondenz während der Trennungsphase des Ehepaares gibt nicht nur Einblick in die seelischen Tiefen eines intensiven Gefühlslebens und in verschlüsselter Form in politische Aktivitäten, sondern auch in die Kunsterlebnisse, den Kulturkonsum und die Lektüre von Hilde Krones. Die ausführliche briefliche Rezeption von Theateraufführungen, Musikstücken und Literatur offenbart auf faszinierende Weise einen empfindsamen und hoch gebildeten Menschen, der die dadurch geweckten Emotionen in Bezug zur Realität und zu den politischen und persönlichen Zukunftserwartungen setzt.

1945 bringt eine Zäsur im Leben von Hilde Krones. Die Befreiung erzeugt euphorische Gefühle: In ihrem Heimatbezirk Ottakring wird Wehrmachtssoldaten durch die Versorgung mit Zivilkleidern massenhaft zur Desertion verholfen, was der Roten Armee die kampflose Übernahme ermöglicht. Und erstmals wird Hilde Krones zu einer öffentlichen Person. Sie wirkt an der Wiedergründung der Sozialdemokratie mit, zieht in den Parteivorstand der SPÖ ein, bekleidet führende Funktionen in ihrem Bezirk, in der Landesorganisation, im Frauenzentralkomitee und wird im November 1945 als Ottakringer Abgeordnete in den Nationalrat gewählt.

Auch persönlich setzt sie einen spektakulären Schritt und beginnt eine Liebesbeziehung zu Erwin Scharf, einem früheren Revolutionären Sozialisten, der zuletzt bei den jugoslawischen Partisanen gekämpft hatte und nach seiner Rückkehr nach Österreich zum Zentralsekretär der SPÖ bestellt wurde. Angesichts der Intensität, mit der sie in den Jahren zuvor in den Briefen die Liebe zu Franz Krones beschworen hatte, mag diese Entscheidung überraschen – Hilde und Franz Krones werden aber einander durch gemeinsames politisches Engagement bis zuletzt eng verbunden bleiben.

Mit großem Elan und Rastlosigkeit stürzte sie sich in die politische Arbeit und verband ihren Intellekt mit einer warmherzigen Menschlichkeit. Neben der Verfolgung von frauenpolitischen Anliegen war sie im Parlament im Justiz-, Verfassungs- und Ernährungsausschuss tätig, hielt viele Vorträge, schrieb Artikel und legte auch Hand an, als es galt, den Kriegsschutt aufzuräumen.

Anstelle der von Krones ersehnten revolutionären Stimmung traf sie in der Nachkriegszeit auf eine weitverbreitete Apathie und in der Sozialdemokratie geriet sie bald in Gegensatz zu den Regierungspragmatikern. Radikal gesellschaftsverändernde Konzepte fanden keine Mehrheit und linke Sozialisten in der SPÖ gerieten zusehends zwischen die Fronten des Kalten Krieges. Was die Situation für Krones und Scharf erschwerte, war der Umstand, dass sie an Vorstellungen von Otto Bauers „integralem Sozialismus" festhielten. Denn im Gegensatz zu anderen sozialdemokratischen Linken bewerteten sie ungeachtet des Stalinismus die Politik der Sowjetunion positiv und befürworteten eine Zusammenarbeit mit der KPÖ. Am SPÖ-Parteitag 1947 wurde in einer von 44 Delegierten unterstützten Resolution angesichts weit verbreiteter materieller Not heftige Kritik an der Nachgiebigkeit gegenüber der Wirtschaftspolitik des Koalitionspartners ÖVP geübt, worauf Erwin Scharf seine Position als Zentralsekretär verlor. Nachdem er in der Folge im Alleingang und ohne Zustimmung von Krones in der Publikation „Ich darf nicht schweigen" mit der Politik des Parteivorstandes massiv abrechnete, wurde Scharf aus der SPÖ ausgeschlossen. Dennoch kritisierte am Parteitag 1948 Hilde Krones diesen Ausschluss und geriet in die Isolation; lediglich ihre Ottakringer Bezirksorganisation stand noch zu ihr und lehnte eine Disziplinierung ab. Erschöpft, enttäuscht und sich zerrieben fühlend schied Hilde Krones im Dezember 1948 nach der Einnahme einer Überdosis Schlafmittel aus dem Leben.

Georg Spitaler verwendet den von Lauren Berlant entwickelten Begriff des „grausamen Optimismus", um die Tragik dieses großen politischen Talents zu erfassen: Wer alle Hoffnung und Heilserwartung in so hohem Maß in eine Partei setzt, läuft Gefahr, verletzt zurückzubleiben. Er weist auch auf „blinde Flecken" in der Wahrnehmungswelt von Hilde Krones hin; es fehlt jede Spur einer Auseinandersetzung mit dem Stalinismus und der Shoah, obwohl ihr jüdischer Schwager von den Nationalsozialisten ermordet wurde.

Nach 1989 wurden Archive des Sozialismus oft nur noch als „Unorte" zerstörter Utopien wahrgenommen. Mit dem theoretischen Ansatz von Georg Spitaler, sich mittels forschender Séance einer Biografie in politischen Begriffen und Gefühlen zu nähern, ist nicht nur die Erinnerung an eine außergewöhnliche Frau der Vergessenheit entrissen, sondern werden auch in lang begraben Gebliebenem trotz alledem historische Möglichkeitsräume für die Gegenwart entdeckt.

Heimo Gruber

Alexa Stiller, Völkische Politik. Praktiken der Exklusion und Inklusion in polnischen, französischen und slowenischen Annexionsgebieten 1939–1945, 2 Bde., Göttingen: Wallstein 2022, 1.454 Seiten.

In ihrer zweibändigen Studie unternimmt Alexa Stiller auf 1.454 Seiten den Versuch, die Siedlungs-, Vertreibungs- und Eindeutschungspolitik des NS-Regimes auf breiter Quellenbasis darzustellen und in komparatistischer Schau neu zu bewerten. In den Blick geraten dabei die polnischen, französischen und slowenischen Annexionsgebiete, die größtenteils bis zum Ende des Ersten Weltkriegs zum Deutschen Reich oder zum westlichen Reichsteil der Habsburgermonarchie gehört hatten. In diesen 1939/41 eroberten Regionen sollte die nationalsozialistische Utopie einer ethnisch „reinen" Bevölkerungsstruktur umgesetzt werden. Das Programm der „Festigung deutschen Volkstums" wurde nach Stiller dann auch „zum zentralen nichtmilitärischen Projekt und Motor des NS-Regimes während des Krieges" (S. 13, S. 1.301). Als bürokratisches Vehikel schuf Heinrich Himmler hierzu den „Reichskommissar für die Festigung deutschen Volkstums" (RKF). Die Funktion dieser Sonderbehörde als Schaltstelle der – zeitgenössisch so bezeichneten – „Volkstumspolitik" sei, so die Autorin, in der deutschen historischen Forschung bislang nur unzureichend beachtet worden. Die polnische Geschichtswissenschaft habe sich hingegen schon bald nach dem Ende des Krieges intensiv mit der deutschen Ethno- und Vertreibungspolitik in den besetzten polnischen Gebieten beschäftigt. Polnische HistorikerInnen hätten dabei eine – im Vergleich zur deutschen Forschung – „konträre Sichtweise auf den RKF" entwickelt. Dieser war nämlich nicht nur für die „inklusive" Siedlungspolitik gegenüber den „Volksdeutschen" verantwortlich, sondern er führte auch die massenhaften Vertreibungen aus den Annexionsgebieten durch und bestimmte die Raum- und Siedlungsplanung im östlichen Europa.

Nach Auffassung Stillers betonte der RKF mit der von ihm vorangetriebenen „Volkstumspolitik" zunehmend den „ausschließenden" Aspekt gegenüber „unerwünschten" Bevölkerungsgruppen, der neben Vertreibung und Entrechtung auch wirtschaftliche Ausbeutung, Beraubung und Kindesentzug umfasste. „Inklusion und Exklusion" seien damit zu einer unauflöslichen Einheit geworden, die um den Diskurs von „Volk", „Rasse" und „Raum" gruppiert gewesen seien und die Stiller dezidiert als „völkische Politik" bezeichnet (S. 15). Von dieser seien mehr als zwölf Millionen Menschen betroffen gewesen: Während rund 1,8 Millionen PolInnen, Jüdinnen und Juden und Französinnen und Franzosen vertrieben wurden, sollten rund 4,7 Millionen BewohnerInnen der drei annektierten Gebiete als „Deutsche" in die deutsche „Volksgemeinschaft" integriert werden. Zudem siedelte das NS-Regime während des Krieges nahezu eine Million „Volksdeutsche" aus Ost- und Südosteuropa um, von denen sich knapp die Hälfte in den Annexionsgebieten niederlassen sollten. Mehr als sechs Millionen PolInnen und etwa 100.000 SlowenInnen wurden entrechtet; rund 500.000 Jüdinnen und Juden, die in den drei Annexionsgebieten lebten, wurden deportiert und ermordet (S. 11).

Die enorme Dimension der von systematischer Massengewalt begleiteten Vertreibungs- und Siedlungspolitik lässt sich bereits anhand dieser Zahlenangaben unmissverständlich ableiten. Umso mehr stellt sich die Frage nach der Rolle des RKF, um dessen Funktion und Wirkungsweise sich der erste Teil der Studie denn auch maßgeblich dreht. Basierend auf einer ausführlichen Darlegung des begrifflichen und konzeptionell-methodischen Zugangs der Studie, analysiert Stiller zunächst die komplexen Strukturen und Organisationsformen des RKF. Sie beleuchtet zentrale, regionale und lokale Ebenen gleichermaßen und verdeutlicht damit die europaweite Ausdehnung des RKF. Anschließend beschreibt sie, wie der RKF mit anderen Ämtern und Behörden kooperierte, etwa der Ministerialbürokratie, der Haupttreuhandstelle Ost oder der Wehrmacht. Nicht ein „polykratisches" Gegeneinander, wie von der historischen Forschung lange angenommen, sondern das Prinzip der Verwaltung durch Delegation habe die Arbeitsweise des RKF charakterisiert, der zu Spitzenzeiten 1941/42 mindestens 20.000 teils bestens ausgebildete und juristisch geschulte MitarbeiterInnen beschäftigte.

Im zweiten Teil ihrer Studie analysiert die Verfasserin die handlungsleitenden Praktiken der Exklusion und Inklusion, wobei sie danach fragt, wie die einzelnen Felder der „völkischen Politik" – Siedlung, Vertreibung, Raumplanung und „Eindeutschung" – miteinander verknüpft waren. Das Kernstück der Studie beleuchtet die Siedlungspolitik des RKF in den annektierten Gebieten: Konkret geht es hierbei um die Umsiedlungen von „Baltendeutschen" und „Volksdeutschen" aus dem östlichen Generalgouvernement, den besetzten sowjetischen Gebieten sowie aus Südosteuropa in die besetzten westpolnischen Gebiete. Abschließend rücken die Eindeutschungs- und Einbürgerungspolitik gegenüber jenen Bevölkerungsgruppen, die die deutschen Besatzer als „erwünscht" betrachteten, in den Fokus der Darstellung. In ihren detaillierten Untersuchungen zu der Frage, wie die Kriterien für das „Deutschsein" zwischen den einzelnen institutionellen Akteuren ausverhandelt wurden, kommt auch das fluide Konzept des „Blutes" zur Sprache, welches es der NS-Eindeutschungspolitik ermöglichte, im Vergleich zur „Abstammung" die Grenzen des „Deutschtums" je nach aktueller politischer Interessenslage neu zu bestimmen (S. 1.298). Letztlich führte die Politik des RKF dazu, dass in den verschiedenen Annexionsgebieten ein überraschend ähnlich hoher Prozentsatz der Bevölkerung von den Vertreibungen betroffen war. So wurden in den „eingegliederten Ostgebieten" ca. 15 Prozent der Bevölkerung vertrieben, während in den slowenischen Annexionsgebieten ca. zwölf Prozent und im Elsass sowie in Lothringen rund elf Prozent der Bevölkerung ausgesiedelt wurden (S. 1.314).

Im Ergebnis gelingt es Stiller anhand ihres minutiös durchgeführten Dreifachvergleichs, die Sonderbehörde RKF in einem neuen Licht erscheinen zu lassen. Obgleich sie deren allgemeine Relevanz wie hier ausgeführt hervorhebt, bleiben allerdings die systematische Aufarbeitung der Forschungen polnischer HistorikerInnen – auch der auf einzelne Regionen bezogenen Studien – und deren breite Einbeziehung in den deutschsprachigen Forschungsdiskurs weiterhin ein Desiderat. Eingehend bezieht sich Stiller hingegen auf die deutsch- und englischsprachige NS-Forschung, die Problemstellungen wie die Selbstmobilisierung bürokratischer Eliten ebenso breit erörtert wie die Reichweite des Konzepts der „Volksgemeinschaft". Funktionsweise und Wirkung des RKF werden solchermaßen auf dem Hintergrund der in der Studie rezipierten Forschungsliteratur plastisch sichtbar: Nicht Konkurrenz im Sinne der viel diskutierten

Polykratiethese, sondern Kooperation und Mitwirkung der einzelnen institutionellen Akteure bei der Siedlungsplanung und -praxis, die sich durch das von der Verfasserin überzeugend nachgewiesene Delegationsprinzip innerhalb des RKF strukturell verfestigten, kennzeichneten demnach die deutsche Besatzungspolitik in den Annexionsgebieten. „Völkische Politik" erscheint dabei nicht nur als eine bürokratische Praxis, sondern lässt sich mit Recht als ein spezifisches Projekt der nationalsozialistischen „Volksgemeinschaft" charakterisieren. Sie umfasste neben dem RKF-Apparat als wesentlicher Schaltstelle verschiedene Teilorganisationen der NSDAP, aber auch Akteure aus der Wirtschaft oder den Universitäten, die sich jeweils um die Aufnahme der „volksdeutschen" Umsiedler zu kümmern bemühten. Insgesamt hat Alexa Stiller ein Werk vorgelegt, das angesichts der beeindruckenden Fülle an dargebotenem Stoff zwar kaum zu einer Lektüre „in einem Zug" verführen dürfte. Niemand, der sich mit dem Thema beschäftigt, wird aber andererseits künftig an dieser grundlegenden Arbeit vorbeikommen.

Alexander Pinwinkler

Autor*innen

Prof.^in Dr.^in Mechthild Bereswill
Professorin für Soziologie sozialer Differenzierung und Soziokultur am Institut für Sozialwesen der Universität Kassel
Bereswill@uni-kassel.de

Mag.^a Dr.^in Ingrid Böhler
Institutsleiterin am Institut für Zeitgeschichte der Universität Innsbruck
ingrid.boehler@uibk.ac.at

Andreas Fink, Mag. BA
Wissenschaftlicher Mitarbeiter am Institut für Erziehungswissenschaft der Universität Innsbruck
andreas.fink@uibk.ac.at

Markus Griesser, Mag. Dr.
Wissenschaftlicher Mitarbeiter am Institut für Erziehungswissenschaft der Universität Innsbruck
markus.griesser@uibk.ac.at

Heimo Gruber
Ehemaliger Bibliothekar der Städtischen Büchereien Wien
heigru@aon.at

Daniela Hörler, MA
Fachhochschule Nordwestschweiz (FHNW), Hochschule für Soziale Arbeit (HSA), Institut Integration und Partizipation
daniela.hoerler@fhnw.ch

Assoz.-Prof. Mag. Mag. Dr. Ulrich Leitner
Studiendekan der Fakultät für Bildungswissenschaften der Universität Innsbruck
ulrich.leitner@uibk.ac.at

Priv.-Doz. Dr. Alexander Pinwinkler
Institut für Wirtschafts- und Sozialgeschichte der Universität Wien
alexander.pinwinkler@univie.ac.at

Univ.-Prof.[in] Dr.[in] Michaela Ralser
Institut für Erziehungswissenschaft der Universität Innsbruck
michaela.ralser@uibk.ac.at

Sabine Stange, M.A.
Universität Kassel
sabinestange@uni-kassel.de

Zitierregeln

Bei der Einreichung von Manuskripten, über deren Veröffentlichung im Laufe eines doppelt anonymisierten Peer Review Verfahrens entschieden wird, sind unbedingt die Zitierregeln einzuhalten. Unverbindliche Zusendungen von Manuskripten als word-Datei an: verein.zeitgeschichte@univie.ac.at

I. Allgemeines

Abgabe: elektronisch in Microsoft Word DOC oder DOCX.

Textlänge: 60.000 Zeichen (inklusive Leerzeichen und Fußnoten), Times New Roman, 12 Punkt, 1 ½-zeilig. Zeichenzahl für Rezensionen 6.000–8.200 Zeichen (inklusive Leerzeichen).

Rechtschreibung: Grundsätzlich gilt die Verwendung der neuen Rechtschreibung mit Ausnahme von Zitaten.

II. Format und Gliederung

Kapitelüberschriften und – falls gewünscht – Unterkapiteltitel deutlich hervorheben mittels Nummerierung. Kapitel mit römischen Ziffern [I. Literatur], Unterkapitel mit arabischen Ziffern [1.1 Dissertationen] nummerieren, maximal bis in die dritte Ebene untergliedern [1.1.1 Philologische Dissertationen]. Keine Interpunktion am Ende der Gliederungstitel.

Keine Silbentrennung, linksbündig, Flattersatz, keine Leerzeilen zwischen Absätzen, keine Einrückungen; direkte Zitate, die länger als vier Zeilen sind, in einem eigenen Absatz (ohne Einrückung, mit Gänsefüßchen am Beginn und Ende).

Zahlen von null bis zwölf ausschreiben, ab 13 in Ziffern. Tausender mit Interpunktion: 1.000. Wenn runde Zahlen wie zwanzig, hundert oder dreitausend nicht in unmittelbarer Nähe zu anderen Zahlenangaben in einer Textpassage aufscheinen, können diese ausgeschrieben werden.

Daten ausschreiben: „1930er" oder „1960er-Jahre" statt „30er" oder „60er Jahre".

Datumsangaben: In den Fußnoten: 4.3.2011 [keine Leerzeichen nach den Punkten, auch nicht 04.03.2011 oder 4. März 2011]; im Text das Monat ausschreiben [4. März 2011].

Personennamen im Fließtext bei der Erstnennung immer mit Vor- und Nachnamen.

Namen von Organisationen im Fließtext: Wenn eindeutig erkennbar ist, dass eine Organisation, Vereinigung o. Ä. vorliegt, können die Anführungszeichen weggelassen werden: „Die Gründung des Oesterreichischen Alpenvereins erfolgte 1862." „Als Mitglied im Womens Alpine Club war ihr die Teilnahme gestattet." **Namen von Zeitungen/Zeitschriften** etc. siehe unter „Anführungszeichen".

Anführungszeichen im Fall von Zitaten, Hervorhebungen und bei Erwähnung von Zeitungen/Zeitschriften, Werken und Veranstaltungstiteln im Fließtext immer doppelt: „"

Einfache Anführungszeichen nur im Fall eines Zitats im Zitat: „Er sagte zu mir: ‚...'"

Klammern: Gebrauchen Sie bitte generell runde Klammern, außer in Zitaten für Auslassungen: […] und Anmerkungen: [Anm. d. A.].

Formulieren Sie **bitte geschlechtsneutral bzw. geschlechtergerecht.** Verwenden Sie im ersteren Fall bei Substantiven das Binnen-I („ZeitzeugInnen"), nicht jedoch in Komposita („Bürgerversammlung" statt „BürgerInnenversammlung").

Darstellungen und Fotos als eigene Datei im jpg-Format (mind. 300 dpi) einsenden. Bilder werden schwarz-weiß abgedruckt; die Rechte an den abgedruckten Bildern sind vom Autor/von der Autorin einzuholen. Bildunterschriften bitte kenntlich machen: Abb.: Spanische Reiter auf der Ringstraße (Quelle: Bildarchiv, ÖNB).

Abkürzungen: Bitte Leerzeichen einfügen: vor % oder €/zum Beispiel z. B./unter anderem u. a.

Im Text sind möglichst wenige allgemeine Abkürzungen zu verwenden.

III.   Zitation

Generell keine Zitation im Fließtext, auch keine Kurzverweise. Fußnoten immer mit einem Punkt abschließen.

Die nachfolgenden Hinweise beziehen sich auf das Erstzitat von Publikationen.
Bei weiteren Erwähnungen sind Kurzzitate zu verwenden.
- Wird hintereinander aus demselben Werk zitiert, bitte den Verweis **Ebd./ebd.** bzw. mit anderer Seitenangabe **Ebd., 12./ebd., 12.** gebrauchen (kein Ders./Dies.), analog: Vgl. ebd.; vgl. ebd., 12.
- Zwei Belege in einer Fußnote mit einem **Strichpunkt;** trennen: Gehmacher, Jugend, 311; Dreidemy, Kanzlerschaft, 29.
- Bei Übernahme von direkten Zitaten aus der Fachliteratur **Zit. n./zit. n.** verwenden.
- Indirekte Zitate werden durch **Vgl./vgl.** gekennzeichnet.

Monografien: Vorname und Nachname, Titel, Ort und Jahr, Seitenangabe [ohne „S."].

Beispiel Erstzitat: Johanna Gehmacher, Jugend ohne Zukunft. Hitler-Jugend und Bund Deutscher Mädel in Österreich vor 1938, Wien 1994, 311.

Beispiel Kurzzitat: Gehmacher, Jugend, 311.
Bei mehreren AutorInnen/HerausgeberInnen: Dachs/Gerlich/Müller (Hg.), Politiker, 14.

Reihentitel: Claudia Hoerschelmann, Exilland Schweiz. Lebensbedingungen und Schicksale österreichischer Flüchtlinge 1938 bis 1945 (Veröffentlichungen des Ludwig-Boltzmann-Institutes für Geschichte und Gesellschaft 27), Innsbruck/Wien [bei mehreren Ortsangaben Schrägstrich ohne Leerzeichen] 1997, 45.

Dissertation: Thomas Angerer, Frankreich und die Österreichfrage. Historische Grundlagen und Leitlinien 1945–1955, phil. Diss., Universität Wien 1996, 18–21 [keine ff. und f. für Seitenangaben, von–bis mit Gedankenstich ohne Leerzeichen].

Diplomarbeit: Lucile Dreidemy, Die Kanzlerschaft Engelbert Dollfuß' 1932–1934, Dipl. Arb., Université de Strasbourg 2007, 29.

Ohne AutorIn, nur HerausgeberIn: Beiträge zur Geschichte und Vorgeschichte der Julirevolte, hg. im Selbstverlag des Bundeskommissariates für Heimatdienst, Wien 1934, 13.

Unveröffentlichtes Manuskript: Günter Bischof, Lost Momentum. The Militarization of the Cold War and the Demise of Austrian Treaty Negotiations, 1950–1952 (unveröffentlichtes Manuskript), 54–55. Kopie im Besitz des Verfassers.

Quellenbände: Foreign Relations of the United States, 1941, vol. II, hg. v. United States Department of States, Washington 1958.
[nach Erstzitation mit der gängigen Abkürzung: FRUS fortfahren].

Sammelwerke: Herbert Dachs/Peter Gerlich/Wolfgang C. Müller (Hg.), Die Politiker. Karrieren und Wirken bedeutender Repräsentanten der Zweiten Republik, Wien 1995.

Beitrag in Sammelwerken: Michael Gehler, Die österreichische Außenpolitik unter der Alleinregierung Josef Klaus 1966–1970, in: Robert Kriechbaumer/Franz Schausberger/Hubert Weinberger (Hg.), Die Transformation der österreichischen Gesellschaft und die Alleinregierung Klaus (Veröffentlichung der Dr.-Wilfried Haslauer-Bibliothek, Forschungsinstitut für politisch-historische Studien 1), Salzburg 1995, 251–271, 255–257.
[bei Beiträgen grundsätzlich immer die Gesamtseitenangabe zuerst, dann die spezifisch zitierten Seiten].

Beiträge in Zeitschriften: Florian Weiß, Die schwierige Balance. Österreich und die Anfänge der westeuropäischen Integration 1947–1957, in: Vierteljahrshefte für Zeitgeschichte 42 (1994) 1, 71–94.
[Zeitschrift Jahrgang/Bandangabe ohne Beistrichtrennung und die Angabe der Heftnummer oder der Folge hinter die Klammer ohne Komma].

Presseartikel: Titel des Artikels, Zeitung, Datum, Seite.
Der Ständestaat in Diskussion, Wiener Zeitung, 5. 9. 1946, 2.

Archivalien: Bericht der Österr. Delegation bei der Hohen Behörde der EGKS, Zl. 2/pol/57, Fritz Kolb an Leopold Figl, 19. 2. 1957. Österreichisches Staatsarchiv (ÖStA), Archiv der Republik (AdR), Bundeskanzleramt (BKA)/AA, II-pol, International 2 c, Zl. 217.301-pol/57 (GZl. 215.155-pol/57); Major General Coleman an Kirkpatrick, 27. 6. 1953. The National Archives (TNA), Public Record Office (PRO), Foreign Office (FO) 371/103845, CS 1016/205 [prinzipiell zuerst das Dokument mit möglichst genauer Bezeichnung, dann das Archiv, mit Unterarchiven, -verzeichnissen und Beständen; bei weiterer Nennung der Archive bzw. Unterarchive können die Abkürzungen verwendet werden].

Internetquellen: Autor so vorhanden, Titel des Beitrags, Institution, URL: (abgerufen Datum). Bitte mit rechter Maustaste den Hyperlink entfernen, so dass der Link nicht mehr blau unterstrichen ist.
Yehuda Bauer, How vast was the crime, Yad Vashem, URL: http://www1.yadvashem.org/yv/en/holocaust/about/index.asp (abgerufen 28. 2. 2011).

Film: Vorname und Nachname des Regisseurs, Vollständiger Titel, Format [z. B. 8 mm, VHS, DVD], Spieldauer [Film ohne Extras in Minuten], Produktionsort/-land Jahr, Zeit [Minutenangabe der zitierten Passage].
Luis Buñuel, Belle de jour, DVD, 96 min., Barcelona 2001, 26:00–26:10 min.

Interview: InterviewpartnerIn, InterviewerIn, Datum des Interviews, Provenienz der Aufzeichnung.
Interview mit Paul Broda, geführt von Maria Wirth, 26. 10. 2014, Aufnahme bei der Autorin.

Die englischsprachigen Zitierregeln sind online verfügbar unter: https://www.verein-zeitgeschichte.univie.ac.at/fileadmin/user_upload/p_verein_zeitgeschichte/zg_Zitierregeln_engl_2018.pdf

Es können nur jene eingesandten Aufsätze Berücksichtigung finden, die sich an die Zitierregeln halten!